Le tour du monde à travers la poésie des pays francophones
Édition bi-lingue

Weltreise durch die Poesie der frankophonen Länder
Zweisprachige Ausgabe

Hannes Stiegler

Le tour du monde à travers la poésie des pays francophones

Choix de poèmes des pays francophones hors de France. Edition bi-lingue.

Weltreise durch die Poesie der frankophonen Länder.

Übertragung einer Auswahl von Gedichten aus frankophonen Ländern außerhalb Frankreichs. Zweisprachige Ausgabe.

Bibliografische Information der Deutschen Nationalbibliothek:

Die Deutsche Nationalbibliothek verzeichnet diese Publikation in der Deutschen Nationalbibliografie; detaillierte bibliografische Daten sind im Internet über http://dnb.dnb.de abrufbar.

© 2020 Hannes Stiegler

2. Auflage

Herstellung und Verlag: BoD – Books on Demand, Norderstedt

ISBN: 978-3-7519-5045-9

Prologue

Dans cette anthologie bilingue, l'auteur entreprend un voyage à travers le monde de la poésie francophone hors de France. De la Guyane française en Amérique du Sud aux Caraïbes, en passant par l'Amérique du Nord (Louisiane, Québec), l'Afrique du Nord-Ouest et centrale, l'Europe, les régions francophones de l'Océan Indien et la Polynésie française, soixante poèmes de plus de cinquante auteurs francophones ont été sélectionnés dans une trentaine de pays et régions et traduits en allemand..

Avec sa sélection des versions originales en langue française et ses traductions en langue allemande, l'auteur Hannes Stiegler tente de démontrer que les poètes d'origines les plus diverses sont apparemment capables de transporter l'âme de leur pays et de leur monde de pensée jusqu'au lecteur avec la langue française, qui est pour eux soit leur langue maternelle, soit généralement une deuxième langue.

Vorwort

In dieser zweisprachigen Anthologie unternimmt der Autor eine Reise durch die Welt der frankophonen Poesie außerhalb Frankreichs. Von französisch Guyana in Südamerika, über die Karibik, Nordamerika (Louisiana, Quebec), Nordwest- und Zentralafrika, Europa, den frankophonen Gebieten im Indischen Ozean bis Französisch Polynesien wurden aus ungefähr dreißig Staaten und Regionen sechzig Gedichte von über fünfzig französischsprachigen Autoren ausgewählt und ins Deutsche übertragen.

Mit seiner Auswahl der französischsprachigen Originalversionen und seinen deutschsprachigen Übertragungen, versucht der Verfasser Hannes Stiegler herauszuarbeiten, dass die Poeten verschiedenster Herkunft wohl in der Lage sind, mit der französischen Sprache, die für sie entweder Muttersprache oder meistens zweite Sprache ist, die Seele ihres Landes und ihrer Gedankenwelt zum Leser zu transportieren. Die deutschsprachige Übertragung kann diese Aspekte nur teilweise (ohne die Wirkung der Französischen Sprache) erfüllen.

Contenu/Inhalt

La Réunion

St. Pierre et Miquelon

La francophonie de l'Europe

Belgique

Le Luxembourg

Monaco

La Suisse

La francophonie de l'Afrique

L'Algérie

Le Bénin

Burkina Faso

Côte d'Ivoire

Djibouti

La francophonie de l'Amérique du Nord

Le Québec

La Louisiane

DOM-TOM (Départements d'outre mer, Territoires d'outre mer)

Les **Antilles françaises** sont les îles françaises dans la Mer des Caraïbes. L'île de la **Guadeloupe** forme administrativement avec ses dépendances à la fois un département et une région d'outre-mer (DOM et ROM, ou DROM) ainsi qu'une région de l'UE. Dépendants de la **Guadeloupe**: **La Désirade, Marie-Galante, l'archipel des Saintes, Saint Barthélemy et Saint Martin. La Martinique:** forme administrativement une Collectivité territoriale unique d'outre-mer de la France.

Georges Cocks est un auteur guadeloupéen né en 1975 sur l'île de Saint-Martin. Il est à la fois romancier, poète, dramaturge, scénariste, éditeur et rédacteur.

Le rêve bleu[1]

Le soleil se lève, il faut scruter l'horizon,
La radio, sans cesse épie les conversations,
Mais rien, juste un poisson frit pris dans les antennes,
Un grésillement, qui laisse la chance incertaine

A chaque bruit de moteur le rideau est tiré,
Sous la bâche bleue on ne peut plus respirer,
Dieu, lui, ferme les yeux, mais les pilotes eux,
Accrochés au manche et la radio, passent aux aveux

Il suffit d'une lame, et le rêve bleu,
Comme une ancre sans chaîne ne peut,
Trouver mieux que le fond de l'océan

---

[1] G. Cocks. Carnet de route - Voyage en Afrique. Editions Books on Demand. 2010

DOM-TOM (Départements d'outre mer, Territoires d'outre mer) = Französische Überseegebiete

Die **Französischen Antillen** sind die französischen Inseln des westindischen Archipels in der Karibik. Die Insel **Guadeloupe** bildet mit ihren Nebeninseln administrativ sowohl ein Departement und eine Überseeregion (DOM und ROM, oder DROM) als auch eine Region der Europäischen Union. Dependenzen von Guadeloupe: **La Désirade, Marie-Galante, der Archipel von Saintes, Saint Barthélemy und Saint Martin.** Die Insel **Martinique** bildet administrativ eine eigene französische, überseeische Gebietskörperschaft.

Georges Cocks ist ein guadeloupeanischer Autor, der 1975 auf der Insel Saint-Martin geboren wurde. Er ist Romanautor, Dichter, Dramatiker, Drehbuchautor, Herausgeber und Verleger.

Der blaue Traum

Bei Sonnenaufgang, den Horizont im Auge
Spioniert das Funkgerät ständig nach Gesprächen
Aber nichts, nur ein frittierter, in Antennen gefangener Fisch
Ein Rauschen, das am Glücke zweifeln lässt

Bei jedem Motorengeräusch wird der Vorhang zugezogen,
Unter der blauen Plane kann man nicht mehr atmen,
Gott schließt seine Augen, aber die Piloten
Hängen reumütig an Steuer und Funk

Alles, was es braucht, ist eine Klinge und den blauen Traum,
Wie ein Anker ohne Kette, dem nichts anderes bleibt
Als zum Grunde des Ozeans zu sinken

Pour s'écraser rapidement et rouiller lentement

Terre en vue! Mais le ciel ne sera pas clément,
Ils viennent tous de perdre leur argent,
Des femmes avec leurs enfants se jettent à la mer,
Elles préfèrent mourir, que retourner à la misère

Il fallait tenter le coup, même si le rafiot est vieux,
Dans ces cas là, la chance souvent est un destin malicieux,
Un bateau, chargé à craquer, prêt à couler,
Des hommes, toujours prisonniers
D'un rêve qui ne cesse de les tourmenter

um zu bersten und langsam dahinzurosten

Land in Sicht! Aber der Himmel wird nicht gnädig sein,
Sie alle haben gerade ihr Geld verloren.
Frauen mit Kindern werfen sich ins Meer.
Sie sterben lieber, als wieder ins Elend zurückzukehren.

Sie mussten es versuchen, auch wenn das Boot alt ist.
In solchen Fällen ist das Glück oft trügerisches Schicksal.
Ein Schiff, bis zum Rande beladen, nahe am Sinken.
Menschen, noch immer Gefangene
eines Traumes, der sie unaufhörlich quält.

Paul Niger (1915-1962) est le pseudonyme d'Albert Béville, romancier, essayiste, poète et administrateur, né à Basse-Terre, en Guadeloupe. Militant anti-colonialiste.

Petit Oiseau (extrait)[2]

Petit oiseau qui me chantes
L'amour du pays natal
Je te porterai à manger les graines que je choisirai
Et qu'il te plaira de croquer.
Petit oiseau qui me chantes
L'amour du pays natal.
Petit oiseau qui m'amuses
Je t'enseignerai la musique
Et toutes phrases que tu diras
Tu les auras apprises de moi.
Petit oiseau qui m'amuses,
Je t'enseignerai la musique.
Petit oiseau qui te tourmentes,
Je consolerai tes chagrins
Et t'apprendrai la vraie sagesse,
La sagesse de mes anciens.
Petit oiseau qui te tourmentes,
Je consolerai tes chagrins.

---

[2] P. Niger. Initiation. Bamako 1944

Paul Niger (1915-1962) ist das Pseudonym von Albert Béville, Romancier, Essayist, Dichter und Verwalter, geboren in Basse-Terre, Guadeloupe. Antikolonialistischer Aktivist.

Kleiner Vogel

Kleiner Vogel, singst
von Liebe zum Heimatlandes
Hier, für dich, Samen nach Wahl
Die du gerne knackst
Kleiner Vogel, singst
von Liebe zum Heimatland
Kleiner Vogel, der mich erheitert
Ich werde dir Musik lehren
Und jeden Satz, den du singst
Wirst du von mir gelernt haben.
Kleiner Vogel, der mich erheitert,
Ich werde dir Musik lehren.
Kleiner Vogel, der sich quält,
Ich werde deinen Kummer lindern
Und dir wahre Weisheit lehren,
Die Weisheit meiner Ältesten.
Kleiner Vogel, der sich quält,
Ich tröste dich in deinem Kummer

Aimé Fernand David Césaire né en 1913 à Basse-Pointe, Martinique, mort en 2008 à Fort-de-France, était un écrivain et homme politique afro-antillais-français. Avec Léopold Sédar Senghor et Léon-Gontran Damas, il a fondé le concept de Négritude.

Soleil serpent[3]

Soleil serpent œil fascinant mon œil
et la mer pouilleuse d'îles craquant aux doigts des roses
lance-flamme et mon corps intact de foudroyé
l'eau exhausse les carcasses de lumière
perdues dans le couloir sans pompe
des tourbillons de glaçons auréolent le cœur fumant des corbeaux
nos cœurs
c'est la voix des foudres apprivoisées tournant sur leurs gonds de lézarde
transmission d'anolis au paysage de verres cassés
c'est les fleurs vampires à la relève des orchidées
élixir du feu central
feu juste feu manguier de nuit couvert d'abeilles
mon désir un hasard de tigres surpris aux soufres
mais l'éveil stanneux se dore des gisements enfantins
et mon corps de galet mangeant poisson mangeant
colombes et sommeils
le sucre du mot Brésil au fond du marécage.

---

[3] Aimé Césaire. Les armes miraculeuses. Editions Gallimard, 1946

Aimé Fernand David Césaire (geb. 1913 in Basse-Pointe, Martinique, gest. 2008 in Fort-de-France) war ein afrokaribisch-französischer Schriftsteller und Politiker. Er begründete zusammen mit Léopold Sédar Senghor und Léon-Gontran Damas das Konzept der Négritude

Schlangensonne

Sonnenschlangenauge fesselt mein Auge
Das tosende Meer voller Inseln an Rosenwurzeln zerbricht
Flammenwerfer und mein Körper intakt, trotz heftiger Blitze
Das Wasser scheidet Lichtkadaver aus.
Ohne Pumpe auf dem Korridor verloren
Eiswürfel, verleihen rauchenden Krähenherzen einen Heiligenschein
Unsere Herzen
Stimme gezähmter Donnerschläge, die auf ihren Echsenflügeln wirbeln
Angriff der Anolis[4] auf eine Landschaft zerbrochenen Glases
Es sind Vampirblüten im Soge der Orchideen.
Elixier eines zentralen Feuers
Feuer, nur Feuer-Mangobaum in der Nacht, mit Bienen bedeckt
Mein Wunsch, eine Herde Tiger, vom Schlamm überrascht
Aber das zinnige Erwachen vergoldet sich mit kindlichen Ablagerungen
Und mein Steinkörper verzehrt Fische,
die Tauben und Schwalben fressen
Die Süße des Wortes Brasilien am Grunde des Sumpfes.

---

[4] Kleine Echsenart

Blanc à remplir sur la carte voyageuse du pollen[5]

N'y eût-il dans le désert
qu'une seule goutte d'eau qui rêve tout bas,
dans le désert n'y eût-il
qu'une graine volante qui rêve tout haut,
c'est assez
rouillure des armes, fissures des pierres, vrac des ténèbres
désert, désert, j'endure ton défi
blanc à remplir sur la carte voyageuse du pollen.

Autre horizon[6]

Nuit stigmate fourchu
nuit buisson télégraphique planté dans l'océan
pour minutieuses amours de cétacés
nuit fermée
pourrissoir splendide
où de toutes ses forces de tous ses fauves se ramasse
le muscle violet de l'aconit napel[7] de notre soleil.

---

[5] Le titre du recueil "Soleil coupé", d'où est l'extrait du poème, marque bien l'engagement surréaliste de l'auteur (référence au dernier vers du poème éponyme d'Apollinaire)

[6] Aimé Césaire. Ferrements. Editions du Seuil. Paris 1960

[7] L'aconit napel, ou casque de Jupiter (entre-autres noms communs), est une plante toxique, voire mortelle, des forêts d'altitude.

Lückentext Pollenflug

Gäbe es nur...
Gäbe es nur einen einzigen Wassertropfen, der tief träumte
Gäbe es nur einen fliegenden Samen,
Der laut träumte
Das wäre genug
Waffen rosten, Steine brechen, Dunkelheit
Wüste, Wüste, ich ertrage deine Kräfte
Lückentext Pollenflug

Anderer Horizont

Zerrissene stigmatisierte Nacht
Nächtlicher Telegrafenbusch in den Ozean gepflanzt
Für die akribische Liebe zu Walen und Delfinen.
Geschlossene Veranstaltung.
Herrliche Fäulnis
Wo sich mit aller Wucht aller wilden Tiere
Der violette Muskel des Eisenhuts mit unserer Sonne vereint

Édouard Glissant (1928-2011), romancier (La Lézarde, prix Renaudot 1958), essayiste et poète, était avec Aimé Césaire l'un des écrivains majeurs martiniquais. Se démarquant du concept de négritude (Senghor, Césaire), il est le combattant de la créolité, et avant tout de l'antillanité. Il a fondé avec Aimé Césaire le Cercle international des intellectuels révolutionnaires.

Matin[8]

Vos champs meurent, vos champs sans fin :
De branche en branche vers l'écho
Le rêve à peine est dans la fleur
Déjà le vent court au matin.

Un homme pleure à pleines dents
Humble des chiens badauds le flairent
Il médite corps en derive
Dans la clairière de la foule.

Est-il, à l'orée des épaves
Un lieu de laves où l'aube neige
Par ses oiseaux démesurés,

Comme on voit les clartés en mai
Comme apaisement de marées
Ou comme un bouquet devient gué.

---

[8] Édouard Glissant. La terre inquiète. Editions du Dragon, 1955

Édouard Glissant (1928-2011), Romanautor (La Lézarde, Prix Renaudot 1958), Essayist und Dichter, war mit Aimé Césaire einer der bedeutendsten Schriftsteller Martiniques. Er hebt sich vom Konzept der Negritude (Senghor, Césaire) ab und ist der Kämpfer der Kreolität und vor allem der Antillanität. Zusammen mit Aimé Césaire gründete er den Internationalen Kreis der revolutionären Intellektuellen.

Vormittag

Eure Felder sterben, eure endlosen Felder
Von Zweig zu Zweig verhallen sie
Der Traum ist kaum erblüht
Schon weht am Morgen der Wind

Ein Mann weint sich die Augen aus
Demütig von gaffenden Hunden erschnüffelt
Er meditiert mit schwebendem Körper
Inmitten der Menge.

Ist er am Rande des Ruins?
Ein Ort aus Lava, wo die Morgendämmerung schneit
Durch seine übergroßen Vögel

Wir sehen die Zeichen des Mais
Als Befriedung der Gezeiten
Oder als Wäldchen, das zur Furt wird.

Daniel Thaly, 1879-1950 est un poète Martiniquais (blanc) de style parnassien, qualifié péjorativement de "doudouïste".

L'île lointaine[9]

Je suis né dans une île amoureuse du vent
Où l'air a des senteurs de sucre et de vanille
Et que berce au soleil du tropique mouvant
Le flot tiède et bleu de la mer des Antilles.
Sous les brises, au chant des arbres familiers,
J'ai vu les horizons où planent les frégates
Et respiré l'encens sauvage des halliers
Dans ses forêts pleines de fleurs et d'aromates.

Cent fois je suis monté sur ses mornes en feu
Pour voir à l'infini la mer splendide et nue
Ainsi qu'un grand désert mouvant de sable bleu
Border la perspective immense de la nue.
Contre ces souvenirs en vain je me defends
Je me souviens des airs que les femmes creoles
Disent au crépuscule à leurs petits enfants,
Car ma mère autrefois m'en apprit les paroles.

Et c'est pourquoi toujours mes rêves reviendront
Vers ses plages en feu ceintes de coquillages
Vers les arbres heureux qui parfument ses monts
Dans le balancement des fleurs et des feuillages.
Et c'est pourquoi du temps des hivers lamentables
Où des orgues jouaient au fond des vieilles cours,
Dans les jardins de France où meurent les érables
J'ai chanté ses forêts qui verdissent toujours.

---

[9] Daniel Thaly. Le jardin des Tropiques. La Nouvelle Revue Française N' 32. Paris 1911

Daniel Thaly, 1879-1950, ist ein martinikanischer (weißer) Dichter im parnassischen Stil. Pejorativ als „doudouïste" (Kuscheltier) bezeichnet.

Die ferne Insel

Ich wurde auf einer Insel geboren, die verliebt in den Wind war
Wo die Süße der Vanille die Luft verzaubert
Wo die lauwarme, blaue Flut des karibischen Meeres
In der Sonne des wandelnden Wendekreises wippt
In der Brise, zum Gesang der vertrauten Bäume,
Sah ich Horizonte, wo Fregatten schweben
Atmete den wilden Duft des Dickichts
In Wäldern voller Blumen und Gewürzen.

Hunderte Male bestieg ich brennende Hügel
Um das unendlich, herrlich nackte Meer zu sehen
Sowie eine große, rollende Wüste aus blauem Sand
Zum Rand der gigantischen Wolkenbänder strebend
Ich erinnere mich an Melodien, die die kreolischen Frauen
In der Abenddämmerung ihren Enkeln vorsingen
Denn meine Mutter hat mich einmal die Texte gelehrt.

Und deshalb werden meine Träume immer wiederkehren
Zu seinen brennenden, von Muscheln übersäten Stränden
Zu den glücklichen Bäumen, die ihre Gipfel umschmeicheln.
In Wogen von Blumen und Laub.
Und das ist der Grund, warum ich in diesen elenden Wintern,
Wo in den alten Hinterhöfen Orgeln erklingen,
Wo in den Gärten Frankreichs die Ahorne sterben,
Von ihren immergrünen Wäldern sang

O charme d'évoquer sous le ciel de Paris
Le souvenir pieux d'une enfance sereine
Et dans un Luxembourg aux parterres flétris
De respirer l'odeur d'une Antille lointaine !

O charme d'aborder en rêve au sol natal
Où pleure la chanson des longs filaos tristes
Et de revoir au fond du soir occidental
Flotter la lune rose au faîte des palmistes

Welch' Zauber es ist, unter dem Himmel von Paris
Die fromme Erinnerung an eine heitere Kindheit zu spüren
Und im Jardin de Luxemburg mit seinen verwelkten Blumenbeeten
Den Geruch der fernen Antillen zu erahnen!

Welch Zauber, im Traume der Heimaterde nahe zu sein
Wo das Lied der langen, traurigen Filao- Bäume weint
Um in den Abendtiefen des Westens
Den rosa Mond, der auf den Palmenkronen tänzelt, wiederzusehen

Etienne Léro (ou Léro). né en1910 au Lamentin (Martinique) et mort en 1939 à Paris, est un écrivain martiniquais, cofondateur du groupe Légitime défense en 1932.

Le ciel a ravi[10]

Le Ciel a ravi l'éclat des lampes
Le Jour monte comme une passerelle
Les nuits et les jours de ton amour
Ce sont pièces de monnaie.
Où l'on ne voit plus la reine,

Histoire ancienne.

---

[10] https://afropoesie.com/2018/24/le-ciel-a-ravi/

Etienne Lero *(oder Léro) wurde 1910 in Le Lamentin (Martinique) geboren und starb 1939 in Paris. 1932. Er war er Schriftsteller aus Martinique und Mitbegründer der Gruppe Légitime Défense.*

Der Himmel hat entzückt

Der Himmel hat den Schein der Lampen entzückt
Der Tag erhebt sich wie eine Brücke
Die Nächte und Tage deiner Liebe
Sind Geldstücke
Auf denen man die Königin nicht mehr sehen kann

Immer dasselbe

La Guyane est une région et un département français situé en Amérique du Sud.

Léon-Gontran Damas (1912-1978), né à Cayenne. Il est avec Aimé Césaire l'un des fondateurs du mouvement de la négritude.

La complainte du nègre[11]

Ils me l'ont rendue la vie plus lourde et lasse
la liberté m'est une douleur affreuse
mes aujourd'hui ont chacun sur mon jadis
de gros yeux qui roulent de rancoeur de honte

Les jours inexorablement tristes jamais n'ont
cessé d'être à la mémoire de ce que fut ma vie tronquée
Va encore mon hébétude du temps jadis
de coups de corde noeux de corps calcinés

de l'orteil au dos calcines de chair morte
de tison de fer rouge de bras
brisés sous le fouet qui se déchaîne sous le fouet qui
fait marcher la plantation s'abreuver de sang
de mon sang de sang la sucrerie
et la bouffarde du commandeur crâner au ciel.

---

[11] L. G. Damas. Pigments. 1939

Französisch-Guayana *ist eine französische Region und ein französisches Departement in Südamerika*

Léon-Gontran Damas *(1912-1978), geboren in Cayenne. Er ist zusammen mit Aimé Césaire einer der Begründer der Negritude-Bewegung.*

Das Klagelied des Negers

Mein Leben, nun schwerer und mühsamer
Freiheit ist mir schrecklicher Schmerz
Heutige Tage rollen
Mit großen Augen, vor großer Schmach

Erbarmungslos traurige Tage haben nie aufgehört,
Mich an mein beschränktes Leben zu erinnern
An den Stumpfsinn früher Tage
An Schläge, an verkohlte Körper

Verkohlt von den Zehen bis zum Rücken
An totes Fleisch mit eingebrannten Malen
Unter entfesselten Peitschenhieben eingetrieben
Unter Peitschenhieben, die die Plantage
Im Blut ersäuft, Im Blute meines Blutes aus Zuckerrohr
Und der Aufseher, dieser Narr, spielt sich auf wie Gott

La Nouvelle Calédonie est une collectivité française composée d'un ensemble d'îles et d'archipels d'Océanie, situés en mer de Corail et dans l'océan Pacifique Sud. L'île principale est la Grande Terre. Proche de son extrémité sud, le chef-lieu Nouméa compte les deux tiers des habitants du territoire et se situe à 1 407 km à l'est-nord-est de l'Australie, à 1 477 km au nord-nord-ouest de la Nouvelle-Zélande

Déwé Gorodey, née en 1949 est une écrivaine kanak. Elle occupe des fonctions importantes dans le gouvernement Calédonien.

Araucaria[12]

Araucaria[13]
pin colonnaire
qui troue le ciel de mon pays
de son tronc s'étirant
vers les souvenirs inavoués
de mon peuple humilié
réfugié dans le ciel des prières
pour oublier

Araucaria
arbre à palabres
de clans et tribus trahis
sur cette terre qui est leur
leurs paroles figées
dans ta dure résine solide
je les dirai en face car je ne veux
pas oublier

----

[12] Dewe Gorodey. Sous les Cendres des Conques. Nouméa 1985

[13] Le pin colonnaire, comme son nom l'indique, est un arbre qui pousse tout en hauteur et peut s'élever jusqu'à 50 m.

Neukaledonien ist eine französische Überseegemeinschaft mit Sonderstatus, die aus einer Gruppe von Inseln und Archipelen in Ozeanien besteht, die im Korallenmeer und im Südpazifik liegen. Die Hauptinsel ist Grande Terre. In der Nähe seiner Südspitze liegt die Hauptstadt Noumea, in der zwei Drittel der Bevölkerung des Territoriums leben. Sie liegt 1.407 km ost-nordöstlich von Australien und 1.477 km nord-nordwestlich von Neuseeland.

Déwé Gorodey, geboren 1949, ist eine kanakischer Schriftstellerin. Sie hat wichtige Positionen in der kaledonischen Regierung inne.

Araukarie[14]

Du Säulenbaum
durchbohrst den Himmel meines Landes
mit deinem Stamm
der nach geheimen Erinnerungen
meines gedemütigten Volkes giert,
das Zuflucht im Himmel der Gebete sucht,
um zu vergessen

Araukarie
Palaverbaum
der verratenen Clans und Stämme
In diesem Land, das ihnen gehört
Ihre Worte
Sind in deinem festen Harz verankert
Ich werde es Ihnen ins Gesicht sagen,
Weil ich nicht vergessen will

---

[14] Die Araukaria oder Säulenkiefer, wie ihr Name schon sagt, ist ein Baum, der sehr hoch wird und dabei bis zu 50 m erreichen kann.

Je les écrirai
là où je le pourrai
du mieux que je le pourrai
ici et maintenant car
j'ai beau chercher
la nuit le jour
je ne vois rien d'autre dans le ciel que
pour éclairer ma mémoire

Ich werde es ihnen schreiben
Wo ich kann
So gut ich kann
Hier und jetzt, weil ich
Egal, wie sehr ich suche
Tag und Nacht
Nichts anderes an diesem Himmel sehe
Als die Befreiung meiner Gedanken.

Nicolas Kurtovitch, né en 1955 à Nouméa, est un écrivain français (de famille Bosniaque) de Nouvelle-Calédonie.

Contempler le ciel[15]

Contempler la mer éternelle
C'est comme être transporté
D'un seul vol
Au-dessus d'une vallée
Mystérieuse et embrumée.

Le regard se perd
À attendre un signe de vie,
Comme un appel d'en bas
Qu'il est possible de vivre.

Le brouillard la plume la pluie
Peut-être les nuages cachent
L'herbe épaisse.

Nos pas étouffent ceux d'un
Rôdeur joyeux et malin
Venu subrepticement
Ouvrir les portes et les toits.
Qu'entre le vent et ressortent
Les âmes des morts.

Seuls les vivants restent en bas
Contempler le ciel est comme
Vivre l'éternité.

————————————————————

[15] Nicolas Kurtovitch. L'arme qui me fera vaincre - Éditions Vent du Sud, Nouméa 1989

Nicolas Kurtovitch, geboren 1955 in Nouméa, ist ein französischer Schriftsteller bosnischer Abstammung, aus Neukaledonien.

Den Himmel bewundern.

Über das ewige Meer zu sinnieren
Ist, als würde man
In einem Flügelschlag
Über ein mysteriöses Tal
Im Nebel schweben

Der Blick verliert sich
In Erwartung eines Lebenszeichens,
Wie ein Ruf von unten
Der uns sagt wir, leben

Nebelfetzten, Regen
Vielleicht verstecken die Wolken
Das dichte Gras.

Unsere Schritte ersticken jene eines
fröhlichen, und gerissenen Herumtreibers
Der sich einschleicht,
Türen und Dächer zu öffnen
Um den Wind herein-
Und die Seelen der Toten hinaus zu lassen

Nur die Lebenden bleiben unten
Den Himmel zu bewundern ist, wie
Die Ewigkeit zu erleben

Pierre Wakaw Gope est né en 1966 à Pénélo, dans l'île de Maré (Nouvelle Calédonie)

Au rythme du bambou[16]

Long silence
Nuit creusée
D'un son lourd
Tumulte
Rage
Sourde
Mêlée
Sur la voix du bambou
Le danseur s'élance
Et sa joie relie
La forêt le vent les esprits la Lune
La terre tremble
Clameur
La terre tremble
Poussière de soie
Le danseur s'élance
Soulève
La forêt le vent les esprits la Lune
Et les mêle
ivre
à sa joie

---

[16] Pierre Wakaw Gope. S'ouvrir. Editions L'Herbier de Feu. Nouméa 1999

Pierre Wakaw Gope *wurde 1966 in Pénélo auf der Insel Maré*
(Neukaledonien) geboren

Im Rhythmus des Bambus

Langes Schweigen
Tiefe Nacht
Mit schwerem Ton
Tumult
Wut
Taubheit
Gedränge
Über dem Rauschen des Bambus
Hebt der Tänzer ab
Und seine Freude vereint
Wald, Wind, Geister, Mond
Die Erde bebt
Geheul
Seidenstaub
Der Tänzer hebt ab
Erhebt sich über
Wald, Wind, Geistern, Mond
Und verwirbelt sie
Betrunken
Wie es Ihm beliebt

La Polynésie française comprend environ 120 îles, d'origine volcanique ou corallienne. Ces Territoires comprennent: **L'archipel des Îles de la Société, L'archipel des Marquises et l'archipel des Australes.**

Henri Hiro (1944-1990) est né à Huahine, sur l'archipel des îles de la Société.

Le pêcheur de la nuit[17]

Le paresseux se remarque entre tous
Les nuits poissonneuses, il ne s'en soucie guère,
La nuit sans poisson, c'est tout ce qu'il désire.
Chasser les mouches, c'est là ce qui l'occupe,
Pêcheur de la pêche des autres,
c'est son métier,
profiter de la moisson d'autrui.

Le courageux se démarque de tous,
Les nuits poissonneuses sont
son spectacle favori,
et les nuits sans poisson, il les met en attente.
Réparer son filet, c'est son travail,
conserver son poisson dans un vivier
c'est son métier,
profiter de sa propre moisson.

Le soir de la première nuit de Taaroa,
nos deux hommes se distinguent.
Il y a l'homme des ténèbres
et l'homme civilisé.

---

[17] Henri Hiro. Message Poétique. Editions Haere Po. Papete, Tahiti 1990

Französisch-Polynesien umfasst etwa 120 Inseln vulkanischen oder korallenartigen Ursprungs. Dies sind: **Die Gesellschaftsinseln, der Marquesas-Archipel und die Austral-Inseln.**

Henri Hiro (1944-1990) wurde in Huahine, auf dem Archipel der Gesellschaftsinseln geboren.

Der Fischer der Nacht

Der Faule sticht unter allen hervor
Die fischreichen Nächte sind ihm egal
Was er sich wünscht, sind Nächte ohne Fisch
Fliegen jagen, das ist es, was ihn beschäftigt,
Den Fang der anderen zu fischen
Das ist sein Beruf
Von der Ernte der anderen zu profitieren

Der Tapfere hebt sich von allen anderen ab
Die fischreichen Nächte sind
Sein Lieblingsspektakel
Fischlose Nächte regen ihn nicht auf
Sein Netz zu reparieren ist seine Aufgabe
Seine Fische in einem Becken halten
Das ist sein Beruf
Seine eigene Ernte genießen.

Am Abend Taaroa's[18] erster Nacht
Scheiden sich beide Männer
Hier der Mann der Finsternis
Und dort der Zivilisierte

---

[18] Der oberste Gott in der Mythologie der Polynesier

La Réunion est une île de l'Ouest de l'océan Indien dans l'hémisphère sud ainsi qu'un département d'outre-mer français. La Réunion est située dans l'archipel des Mascareignes à 172 km à l'ouest-sud-ouest de l'île Maurice et à 679 km à l'est-sud-est de Madagascar.

Rosemay Nivard est née en mai 1961 au Tampon, une des plus importantes communes de l'île de La Réunion. Elle quitte l'île pour Paris à l'adolescence, et exerce ensuite la profession de soignante en psychiatrie.

Un quart de pomme[19]

De ses doigts
Malhabiles
Entre l'index
Les yeux mi-clos
Faisant le tour du cercle
Et le pouce
Au contact rugueux
Plus habitué à lever la
Casquette à carreaux
Vissée entre les oreilles
L'homme à la mémoire perdue
Coupait un quart de pomme

---

[19] Rosemay Nivard. Pommes d'hôpital, rêveries sur le port. Les Xérographes, Paris 2010

Réunion ist eine Insel im westlichen Indischen Ozean auf der Südhalbkugel und ein französisches Überseedepartement. Reunion liegt im Maskarenen-Archipel, 172 km west-südwestlich von Mauritius und 679 km ost-südöstlich von Madagaskar.

Rosemay Nivard wurde im Mai 1961 in Le Tampon, einer der wichtigsten Städte der Insel Réunion, geboren. Als Teenager verließ sie die Insel und ging nach Paris, wo sie dann als psychiatrische Krankenschwester arbeitete.

Eine Apfelspalte

Mit seinen
Ungelenken Fingern
Mit Zeigefinger
Und Daumen
Augen halb geschlossen
Zieht er Kreise
Mit gewohntem,
Rauen Griff
Die karierte, zwischen die Ohren
Geschraubte Kappe lüftend
Schnitt der Mann ohne Gedächtnis
Eine Spalte aus dem Apfel

Et l'eau coulait encore (*extrait*)[20]

Ce long fracas ininterrompu de la rivière
Grosses pierres de son chemin posées sur sable noir
Pas d'arbre et très peu d'oiseaux comme dans le désert
Écume en chorégraphie fantasmagorique
Des restes de bois semés par le dernier cyclone
Échoues dans l'eau fraîche où nagent tous les enfants
Arrivés en camionnette en cris ensoleillés
gamelles de riz, marmites de rougail ou carry
Le vent va donner le départ s'invite au soir
soulevant le sable comme secouant un mouchoir

Maurice en forme longue la **république de Maurice** (angl.: Republic of Mauritius), est un État insulaire de l'océan Indien, 172 kilomètres à l'est-nord-est de La Réunion. Le français y est la seconde langue officielle.

Malcom de Chazal[21] (1902-1981). Il est issu d'une vénérable famille française qui est arrivée en Maurice dés le 17ᵉ siècle.

Les couleurs
sont les empreintes digitales
du soleil

Chaque
Oiseau
A la couleur
De son cri

---

[20] Rosemary Nivard. Douleur et poésie créole. Sois –sur–Seine, 2004

[21] Malcolm de Chazal. Poèmes. Editions Jean-Jacques Pauvert. Paris 1968

Und das Wasser lief immer noch

Dieses lange, ununterbrochene Rauschen des Flusses
Große Steine seines Weges auf schwarzen Sand gelegt
Keine Bäume und sehr wenige Vögel, wie in der Wüste
Schaum in phantasmagorischer Choreographie
Holzreste, vom letzten Zyklon gesät
Gestrandet im kühlen Wasser, wo alle Kinder schwimmen
Ankünfte mit Kleinbussen bei sonnigem Schreien
Reisschüsseln, Töpfe mit Rugail oder Carry[22]
Der Wind wird den Beginn des Abends einläuten.
Und den Sand hochwirbeln wie ein geschütteltes Taschentuch

Mauritius in der Langform der **Republik Mauritius**, ist ein Inselstaat im Indischen Ozean, 172 Kilometer ost-nordöstlich der Insel Réunion. Französisch ist die zweite Amtssprache.

Malcom de Chazal (1902-1981). Er stammt aus einer angesehenen französischen Familie, die im 17. Jahrhundert nach Mauritius kam.

Farben
Sind die Fingerabdrücke
Des Sonnenlichts

Jeder
Vogel
hat die Farbe
seines Schreis

---

[22] Typische Pfannengerichte aus Reunion und Mauritius

St Pierre et Miquelon est un archipel français d'Amérique du Nord, dans le golfe du Saint-Laurent, au sud de l'île de Terre-Neuve. Saint-Pierre se trouve à 19 km au sud-ouest de la péninsule de Burin.

Henri Lafitte est originaire de Saint-Pierre et Miquelon. Il est né en 1951.

Fleurs de suroît[23]

Fleurs de suroît
Chant de noroît
Et nos îles
S'éveillent
Sous la neige

Sous les sapins
Tous les lapins
S'endimanchent
Et les branches
Folâtrent

Tout Saint-Pierre
est en fête
Il était une fois
Un écrin de chaleur
Par grand froid

Tout Saint-Pierre
est en fête
Il était une fois
Un écrin de bonheur
Par grand froid

Et sous l'azur
Chantent les murs
Les maisons
Cabriolent
Lucioles

Finis les pleurs
Finies les peurs
Toute l'île
S'illumine
Mutine

---

[23] Henri Lafitte. Chansons de bruine. Editions Jean-Jacques Oliviéro. 1989

St. Pierre und Miquelon ist ein französischer Archipel in Nordamerika im Golf von St. Lorenz, südlich der kanadischen Insel Neufundland. St. Pierre liegt 19 km südwestlich des westlichen Endes der Burin-Halbinsel.

Henri Lafitte, geb. 1951, stammt aus Saint-Pierre und Miquelon.

Blumen des Süd-West Windes

Blumen des SW-Windes
Gesang des NW-Windes
Und unsere Inseln
Erwachen
Unter Schnee

Ganz Saint-Pierre
Feiert
Es gab einmal
Einen Hauch von Glück
Bei sehr kaltem Wetter

Unter Tannen
Machen sich
Alle Kaninchen schick
Und die Zweige
Spielen übermütig im Wind

Und unterm Azurblau
Singen Die Wände
Die Häuser
Schwirren
wie Leuchtkäfer

Ganz Saint-Pierre
Feiert
Es gab einmal
Einen Hauch von Wärme
Bei sehr kaltem Wetter

Kein Weinen mehr
Keine Ängste mehr
Die ganze Insel
Leuchtet auf
Rebelliert

Les toboggans
Sur le versant
Des collines
S'envolent
Frivoles

Les labradors
Sur des ressorts
Noirs et blancs
De malice
Bondissent

Tout Saint-Pierre
est en fête
Il était une fois
Un écrin de lueur
Par grand froid

Qui le premier
Osa l'été
Et les cœurs
Qui surnagent
Sur les plages

Die Schlitten
Auf der Abfahrt
Von den Hügeln
Fliegen frivol
Dahin

Labradore
Springen
Vor Übermut
Über schwarz-weiße
Quellen

Ganz Saint-Pierre
Feiert
Es gab einmal
Einen Hauch von Glühen
Bei sehr kaltem Wetter

Das als erstes
Den Sommer wagte
Und die Herzen
Öffneten sich
An den Stränden

Pays francophones de l'Europe

La Belgique ou royaume de Belgique. La Belgique est un pays trilingue. Les langues officielles y sont le néerlandais, l'allemand et le français. La plupart des francophones (environ 35% de la population) habitent en Wallonie et autour de Bruxelles

Marie Nizet, née le 19 janvier 1859 à Bruxelles et morte à Etterbeek le 15 mars 1922, était une poétesse et femme de lettres belge

La bouche[24]

Ni sa pensée, en vol vers moi par tant de lieues,
Ni le rayon qui court sur son front de lumière,
Ni sa beauté de jeune dieu qui la première
Me tenta, ni ses yeux - ces deux caresses bleues;

Ni son cou ni ses bras, ni rien de ce qu'on touche,
Ni rien de ce qu'on voit de lui ne vaut sa bouche
Où l'on meurt de plaisir et qui s'acharne à mordre,

Sa bouche de fraîcheur, de délices, de flamme,
Fleur de volupté, de luxure et de désordre,
Qui vous vide le coeur et vous boit jusqu'à l'âme...

---

[24] https://poesie.webnet.fr/lesgrandsclassiques/Poemes/marie_nizet/la_bouche

Die frankophonen Länder Europas

Belgien oder das Königreich Belgien. *Belgien ist ein dreisprachiges Land. Die offiziellen Sprachen sind Niederländisch, Deutsch und Französisch. Die meisten französischsprachigen Personen (etwa 35 % der Bevölkerung) leben in Wallonien und in der Umgebung von Brüssel.*

Marie Nizet*, geboren am 19. Januar 1859 in Brüssel und gestorben in Etterbeek am 15. März 1922, war eine belgische Dichterin und Literatin*

Der Mund

Weder seine Gedanken, so viele Meilen am Flug zu mir
Noch der Strahl, der über seine helle Stirne läuft,
Noch seine göttliche Schönheit, die mich in Versuchung geführt
Auch nicht seine Augen diese beiden blauen Liebkosungen;

Noch sein Hals, seine Arme, oder irgendetwas, was man berührt,
Nichts, was man von ihm sieht, kommt seinem Munde gleich.
Wo man vor Begierde stirbt und stets zum Bisse neigt

Sein Mund voller Frische, Wonne, Feuer,
Blüte der Sinnlichkeit, Wollust und des Chaos,
das dir dein Herz entleert und dich bis zur Seele trinkt

Le **Luxembourg**, en forme longue le **Grand-Duché de Luxembourg,** en luxembourgeois Lëtzebuerg et Groussherzogtum Lëtzebuerg, en allemand Luxemburg et Großherzogtum Luxemburg. Les trois langues au Luxembours sont le luxemborgeois, l'allemand et le français.

Anise Koltz, née le 12 juin 1928 à Luxembourg-Eich.

Je n'ai fait que passer[25]

J'ai vécu deux mille ans –
accumulant sueurs et semences
mettant bas des enfants
dans lesquels mon sang a tremblé

Ils n'ont pas demandé
d'où je venais
ni qui j'étais

Je n'ai fait que passer
telle une pluie torrentielle
telle une mousse
les couvrant

---

[25] Anise Koltz. Le cri de l'épervier, Editions Phi. Souleuvre 2000

Luxemburg, in der langen Form das *Großherzogtum Luxemburg* im luxemburgischen Lëtzebuerg und Groussherzogtum Lëtzebuerg. Die drei offiziellen Sprachen in Luxemburg sind Luxemburgisch, Deutsch und Französisch.

Anise KOLTZ, geboren am 12. Juni 1928 in Luxemburg-Eich.

Nur auf Durchreise

Ich lebte zweitausend Jahre
Sammelte Schweiß und Samen
gebar Kinder
in denen mein Blut erbebte

Sie haben nicht gefragt
wo ich herkomme
oder wer ich war

Ich war nur auf der Durchreise
wie ein sintflutartiger Regenguss
wie ein Moos
das alles bedeckt

Monaco, en forme longue la **principauté de Monaco**, en monégasque Principatu de Mùnegu est un État d'Europe de l'Ouest, ainsi qu'une commune du même nom occupant la même superficie que l'État lui-même (ce qui en fait une cité-État). La principauté de Monaco est un état enserré dans le territoire de la République française. La langue officielle est le français. La langue monégasque, un dialecte ligurien, existe encore, mais ne joue pas grand rôle

Louis Notari (Monaco, 1879-1961) était le pionnier de literature monégasse. Il écrivait en Monégasse, Ligurien et Français. En 1931 il a traduit l'hymne national en monégasque. Magré la prédominance du français, l'hymne est chanté dans cette traduction.

Ligurien	français
O Belu Mùnegu	**Ô Beau Monaco**[26]
O belu Mùnegu, giardin sciuřiu	O beau Monaco, jardin fleuri, plein de
cin de parfümi, cin de suñgliu,	parfums, plein de soleil
a to' natüra è tantu bela	la nature est si belle chez toi,
che d'a Rivieřa tü sì řa stela !	que tu es vraiment l'étoile de la Rivieřa !
I nostri vegli, sença mařiçie,	Nos ancêtres, sans chercher malice,
gudivu ün pàije řë toe delìçe :	jouissait en paix de tes délices:
a to' mařina piciuna e inmensa	ta mer petite et immense
che ghe parlava de 'ndependença	qui leur parlait d'indépendance
e l'œři biundu d'i auřivei	et l'huile blonde des oliviers
e i früti d'ořu d'i çitrunei	les fruits d'or des orangers
e tüt'ë sciuře d'i toi giardin.	et toutes les fleurs de tes jardins

---

[26] www.traditions-monaco.com/poeme/page/2

58

Monaco, in der Langform das **Fürstentum Monaco**, im monegassischen Principatu de Múnegu ist ein westeuropäischer Staat, sowie eine gleichnamige Gemeinde, die das gleiche Gebiet wie der Staat selbst einnimmt (was es zu einem Stadtstaat macht). Das Fürstentum Monaco ist ein auf dem Gebiet der Französischen Republik eingeschlossener Staat. Die offizielle Sprache ist Französisch. Die monegassische Sprache, ein ligurischer Dialekt, existiert zwar noch, spielt aber keine große Rolle.

Louis Notari (Monaco, 1879-1961) war der Pionier der monegassischen Literatur. Er schrieb in Monegassisch, Ligurisch und Französisch. Im Jahr 1931 übersetzte er die Nationalhymne ins Monegassische. Trotz der Dominanz des Französischen wird in dieser Übersetzung die Hymne gesungen.

Oh, du schönes Monaco

Oh schönes Monaco, blumenreicher Garten,
voller Düfte und Sonnenschein
Die Natur ist so schön in Deinem Haus
Wahrhaft der Stern der Riviera!
Unsere Ahnen, ohne über sie zu richten,
genossen friedlich Deine Kostbarkeiten:
Dein kleines, unermessliches Meer
das ihnen von Freiheit erzählte,
von blondem Öl der Olivenbäume.
den goldenen Früchte der Orangenbäume
und all den Blumen deiner Gärten.

La Suisse connaît quatre langues officielles. L'allemand (63,5 %), le français (22,5 %), l'italien (8,1 %) et le romanche (0,5 %). Par rapport à une population totale d'environ 8,5 millions d'habitants, le français est parlé par environ 2,1 millions de personnes.

Alexandre Voisard, né à Pruntrut, Canton Jura, en 1930

Prière[27]

Il est temps que les glaces
se retirent de nos chiennes de vie
tenues en laisse en gage
par les notaires les jockeys et les rats
il est temps que nous tirions un trait
sur les grimaces qu'on nous sert en salaire
je vous supplie ô nuits d'octobre
d'étrangler les frelons sur les choux
avant que l'hiver qui nous suit
ne les prenne de pitié en sa trappe.

---

[27] https://www.prinpolux.lu/alexandre_voisard.htm

Die Schweiz hat vier offizielle Sprachen. Deutsch (63,5%), Französisch (22,5%), Italienisch (8,1%) und Rätoromanisch (0,5%). Im Vergleich zu einer Gesamtbevölkerung von etwa 8,5 Millionen wird Französisch von etwa 2,1 Millionen Menschen gesprochen.

Alexandre Voisard, 1930 in Pruntrut, Kanton Jura, geboren

Gebet

Es ist Zeit, dass das Eis
verschwindet, aus unserem Hundeleben
das von Notaren, Jockeys und Ratten
als Pfand an der Kette gehalten wird
Es ist Zeit, dass wir einen Schlussstrich ziehen
unter den Grimassen, für die wir bezahlt werden.
Ich beschwöre Euch, ihr Oktobernächte,
die Hornissen auf den Kohlköpfen zu erwürgen
noch bevor der kommende Winter
sie aus Mitleid in seinen Käfig sperrt

Julien Burri, Né en 1980 à Lausanne.

Depuis le train[28]

Le froid se déplie comme un drap.
Serrer la cage thoracique,
S'assurer que ça tient.

Manquent tes mains
pour nouer le jour et la nuit.

Les maisons sont des blocs aveugles,
des grumeaux sans liant.
Un fou a emmêlé la ville.
Le corps, les pensées, adoptent sa forme
par mimétisme.

Le givre se dépose sur les arbres,
les barrières et les fils électriques,
croissance des cristaux dirigée contre le vent.

Sous le ciel atone
un train.
- roulement grave
compressé,
de métal rouillé –

Lumière cassante,
Derniers instants
pour se faufiler
avant la nuit.

---

[28] Julien Burri. Si Seulement. Editions Samizdat. Genève 2008

Julien Burri, 1980 in Lausanne geboren.

Aus dem Zug

Kälte entrollt sich wie ein Leintuch.
Umklammert den Brustkorb
und bleibt kleben

deine Hände fehlen,
um Tag und Nacht zu verknoten

Häuser wie blinde Blöcke,
lose Klumpen.
Ein Verrückter hat die Stadt zerstört.
Körper und Gedanken nehmen seine Gestalt an
wie in Metamorphosen

Raureif krallt sich fest an Bäumen,
Zäunen und elektrischen Leitungen,
Kristalle wachsen in den Wind

Unter trübem Himmel
ein Zug.
- heftiges Grollen,
komprimiert
aus rostigem Metall -

Zerbrechliches Licht.
Letzte Momente
um sich durchzuschlagen
vor Einbruch der Nacht

La francophonie de l'Afrique

L'Algérie. Pour des raisons historiques le français est peu respecté en Algérie. Malgré tout, il a n'y pas mal de poètes algériens qui on écrit ou écrivent toujours en langue française.

Habib Tengour, né à Mostaganem en 1947.

Ce qui sépare

Serre-moi fort si fort que cesse ce saignement
corps en sueur qui cède quand
le soir installe son bric-à-brac au milieu du marché
situation triviale avec son aphasie et ses brûlures

Dans le froid mémoire où toutes saisons se confondent
en hiver lèvres gercées
tellement fort que le bleu du rêve
retrouve la couleur des mots chuchotés désir là
S'ouvre une trace en ciel étoilé sur le dos de la main

Die frankophonen Länder Afrikas

Algerien. Aus historischen Gründen wird Französisch in Algerien wenig geachtet. Dennoch gibt es viele algerische Dichter, die in französischer Sprache geschrieben haben oder noch schreiben.

Habib Tengour, geboren 1947 in Mostaganem.

Was trennt

Halte mich so fest, dass diese Blutung aufhört.
Schwitzender Körper, der wegkippt, wenn
der Abend sein Gerümpel mitten auf dem Markt ausbreitet
Triviale Situation mit seiner Aphasie und seinen Verbrennungen.

In der kalten Erinnerung, wo alle Jahreszeiten miteinander verfließen.
Im Winter spröde Lippen,
so stark, dass das Blau des Traums
auf die Farbe der geflüsterten Wünsche trifft
und eine Spur des Sternenhimmels auf dem Handrücken erscheint

Abbes Bahous né en 1953 à Sidi-Bel-Abbes en Algérie, vit actuellement à Mostaganem. Professeur des universités, titulaire d'un PH. D en littérature et parle plusieurs langues dont le français, l'arabe, l'anglais et l'espagnol.

Le rêve[29]

Je suis habité par un rêve
gros comme une île,
où les êtres connaissent le rire,
où les femmes sont joyeuses,
et où l'écriture est reine.
Je me suis fabriqué un rêve
pour tenir bon;
car que faire dans un désert
où le rire est amer?
J'écris pour les deux rives
et j'attends la bonne heure !
J'écris entre les deux rives
et rêve d'un poème navire !

---

[29] Abbes Bahous. Poèmes d'Oran et de Mostaganem. https://www.poemes.co/un-reve-poeme.html

Abbes Bahous, 1953 in Sidi-Bel-Abbes in Algerien geboren, lebt derzeit in Mostaganem. Er ist Universitätsprofessor, Inhaber eines Doktortitels in Literatur und spricht mehrere Sprachen, darunter Französisch, Arabisch, Englisch und Spanisch.

Der Traum

Ich werde von einem Traum verfolgt,
so groß wie eine Insel,
wo die Wesen das Lachen kennen,
wo die Frauen glücklich sind,
und wo das Schreiben König ist.
Ich habe mir einen Traum erdacht,
um durchzuhalten;
was gibt schon zu tun in einer Wüste
wo das Lachen bitter ist?
Ich schreibe für beide Seiten
und warte auf den richtigen Augenblick!
Ich schreibe zwischen beiden Ufern
und träume von einem Schiffs-Gedicht!

La **république du Bénin** est un pays d'Afrique de l'Ouest. Malgré plus de cinquante langues africaines, le français y est la seule langue officielle.

Barnabé Layen, né en pseudonyme de Barnabé Lalèyè –, né le 11 juin 1941 à Porto-Novo, alors dans la colonie du Dahomey, est un médecin, écrivain et poète béninois.

Il aurait voulu lui offrir des fleurs[30]

Il aurait voulu lui offrir des fleurs
Des hibiscus mauves et des orchidées
Des violettes perlées de fines rosées

Il aurait voulu lui offrir des fleurs
Des impatientes jaunes et blanches
Des jacinthes d'eau et des pervenches

Il aurait voulu lui offrir des fleurs
Des alpinias rouges et des bégonias
Des amaryllis roses et des saintpaulias

L'homme s'approcha de la femme
Et lentement à voix basse murmura
« Je suis le Petit Prince
Je voudrais vous offrir des étoiles »

Ce fut un coup de foudre
Un coup d'amour un coup d'éclair
Un fracas dans le cœur
L'homme debout perdu dans le paradis bleu
De ce visage le regard de l'Étrangère

---

[30] Barnabé Layen. Le crépuscule des métamorphoses. Châtenay Malabry 2014

Benin, in der Langform der **Republik Benin** ist ein Land in Westafrika. Obwohl es in Benin etwa 50 afrikanische Sprachen gibt, ist Französisch die einzige offizielle Sprache.

Barnabé Layen, geboren als Barnabé Lalèyè, geboren 1941 in Porto-Novo, damals in der Kolonie Dahomey, ist ein beninischer Arzt, Schriftsteller und Dichter.

Er wollte ihr doch Blumen schenken

Er wollte ihr doch Blumen schenken
Violette Hibisken und Orchideen
Veilchen mit feinen, rosa Perlen

Er wollte ihr doch Blumen schenken
Gelbe und Weiße Impatiens
Wasserhyazinthen und Immergrün

Er wollte ihr doch Blumen schenken
Rote Alpinien und Begonien
Rosa Amaryllis und Saintpaulien

Der Mann näherte sich der Frau
Und langsam murmelte er mit leiser Stimme
"Ich bin der kleine Prinz
Ich möchte Ihnen Sterne schenken."

Es war Liebe auf den ersten Blick
wie ein Blitz
Ein Schlag ins Herz
Der Mann steht da, verloren in seinem blauen Paradies
In seinem Gesicht : der Blick der Fremden

C'est la vie[31]

Ca commence comme une caresse
Ca finit comme un couperet
Ca vient comme une acclamation
Ca finit comme une désolation
Ca vous pénètre comme une aiguille
Ca irradie comme une ivresse

Ca va
Ca vient
Au petit bonheur du jour
Pendule balancier
Imperturbable sablier
Aujourd'hui envol de grains de riz
Demain coulées de larmes amères

Ca va
Ca vient
Au petit bonheur la joie
Au petit malheur le deuil
Et ça s'incruste dans la peau
Au plus tendre de la chair
Et ça trace sur les chemins du
pèlerinage
Des labyrinthes de blessures et de
cicatrices

Et ça blanchit au niveau du cortex
Et ça s'accumule sur le vertex
Et ça s'arcboute sur des cannes de
bois
Ca plie encore mais ne rompt pas

Ca va
Ca vient
L'automne et puis l'hiver
On n'y peut rien

Ca va
Ca vient
Berceau et puis tombeau
On dit que c'est la vie.

C'est la vie

---

[31] ibid.

So ist das Leben

Es beginnt mit einer Liebkosung
Es endet wie ein Schafott
Es kommt als Jubel
Es endet in Verwüstung
Es durchdringt dich wie ein
Nadelstich
Es strahlt wie Benommenheit

Es kommt
Es geht
Nach Belieben
Pendel-Uhr
emsige Sanduhr
Heute fliegen Reiskörner
Morgen fließen bittere Tränen

Es kommt
Es geht
Wie es ihm behagt
Im Moment der Trauer
Und es nistet sich in der Haut ein
Im zartesten Teil des Fleisches
Und es prägt auf Leidenswegen
Labyrinthe von Wunden und
Narben ein

Und es bleicht den Cortex.
Türmt sich auf am Vertex
Und es spannt sich über Hölzer
Die sich biegen
Aber nicht brechen

Es kommt
Es geht
Im Herbst und dann im Winter
Dagegen können wir nichts tun.

Es kommt
Es geht
Zuerst Wiege und dann Grab
Man sagt das sei das Leben

So ist das Leben

Burkina Faso, littéralement « Pays des Hommes intègres », couramment appelé **Burkina**, ancienne république de Haute-Volta, est un pays d'Afrique de l'Ouest sans accès à la mer Le français est la principale langue des institutions, des instances administratives, politiques et juridiques, des services publics, des textes et des communiqués de l'État, de la presse écrite et des écrivains.

Armand Balima, né en1985.

Sahara[32]

Sahara
Mamelles de sable
Qui portent les caresses
Des caravanes

Sahara
Mamelles de sable
Qui enveloppent
La tiédeur des nuits
Bleue

Frédéric Pacéré Titinga, né en 1943

Les oiseaux[33]

Les oiseaux sentant venir l'orage
courent
C'est Dieu qui les appelle
Pour les Grands de ce monde

Il est ou il n'est pas
La terre est vide
La lune l'est encore plus
Et les astres ne renferment
aucun trône divin

---

[32] Armand Balima. Voiles marines. Editions Saint-Germain-des-Près. Paris 1979
[33] Frédéric Pacéré Tintinga. Poémes pour l'Angola. Gallimard-Montréal. Montréal 1981

Burkina Faso, wörtlich "Land der ehrlichen Menschen", allgemein bekannt als Burkina, ehemalige Republik Obervolta, ist ein Land in Westafrika ohne Zugang zum Meer. Französisch ist die Hauptsprache der Institutionen, der administrativen, politischen und juristischen Organe, des öffentlichen Dienstes, der Regierungstexte und Pressemitteilungen, der geschriebenen Presse und der Schriftsteller

Armand Balima, *geboren 1985*

Sahara

Sand-Euter,
die die Liebkosungen der
Karawanen tragen

Sahara
Sand-Euter,
die die Wärme der Nächte
einhüllen,
ganz blau

Frédéric Pacéré Titinga, né en 1943

Vögel

Die Vögels spüren den Sturm
und laufen
Gott ruft sie,
für die Großen dieser Welt

Er ist oder ist nicht
Die Erde ist leer
Der Mond umso mehr
Auch die Sterne
bieten keine Göttersitze

Le **Cameroun**, en forme longue la **république du Cameroun**. Les langues officielles sont le français et l'anglais pour un pays qui compte une multitude de langues locales.

Ngon à Ngon Emmanuel, Pabloemma de son vrai nom, est né le 27 avril 1986 à Yaoundé.

Si seulement tu etais là[34]

Ô mon amour
Si tu étais là
Je serais peut-être l'homme
Le plus heureux au monde
J'aurais oublié
Les frustrations de la vie
La solitude, les inquiétudes
J'aurais affronté les peines
Et les dangers
Comptant sur ton soutien
Mon amour

Si tu étais là
On aurait ensemble
Profité du bonheur
Que nous aurait
Offert le cruel destin
J'aurais aimé
Même Ce que je n'aime pas
Les balades d'hivers
Les voyages en pleine mer
Et les histoires de rêve mon amour.

---

[34] Ngon à Ngon Emmanuel. La vie sépare ceux qui s'aiment. Paris 2013

Kamerun, oder Republik Kamerun. Die offiziellen Sprachen sind Französisch und Englisch in einem Land mit einer Vielzahl von lokalen Sprachen.

Ngon à Ngon Emmanuel, Pabloemma mit bürgerlichem Namen, wurde am 27. April 1986 in Yaoundé geboren.

Wenn Du nur da wärst.

O meine Liebe
Wenn du nur da wärst,
wäre ich wohl
der glücklichste Mann der Welt.
Hätte die Frustrationen des Lebens,
Einsamkeit
und Trübsal vergessen
Hätte Elend und Gefahren
übertaucht.
Mit Deiner Hilfe,
meine Liebe

Wenn du nur da wärst,
hätten wir zusammen
das Glück genossen,
das das raue Schicksal
uns geboten hätte
Ich hätte alles geliebt,
auch was mir nicht gefällt
Spaziergänge im Winter,
Reisen auf hoher See
und Traumgeschichten, meine Liebe.

Ivre de toi[35]

Au plus profond de moi,
Je t'admire
Au plus profond de moi,
Je te désire

Ton charme m'amène
A te chérir
Tu es si séduisante,
Que pour toi je pourrai tout dire

Tu pourrais être
La meilleure étoile du ciel,
Et ce à quoi j'aspire
Tu me fais frémir,
Et je t'aimerai en mourir.

---

[35] ibid.

Trunken von Dir

Ganz tief in meinem Inneren
bewundere ich dich
Ganz tief im meinem Inneren,
begehre ich dich

Dein Zauber verführt mich,
dich zu schätzen
Du bist so verlockend,
Dass ich dir alles sagen kann

Du könntest
der schönste Stern am Himmel sein
und ich möchte,
dass du mich erbeben lässt
Ich werde Dich lieben bis zum Tod

Anne Rachel Aboyoyo Aboyoyoyo

Bond vers...[36]

Ces fragments de vie qui s'envolent
Aux heures tièdes du jour
Ces lambeaux de vie qui se disséminent
Dans les fracas impétueux du néant
Ces morceaux de vie qui s'entrechoquent
Dans la caserne de l'étroitesse
Ces vies sans vie
Vivifiées dans les soirs enrobés de lune
Ces vies sans vie
Vivifiées dans l'espoir
De briser le pouvoir de la mort
Ces vies vraies vies
Sporalisées dans la bourrasque du dédain
Ces vies pittoresques
Qui s'entrelacent à l'affût
De l'étincelle du rudoiement
Ces petits brins de vie
Qui dansent en pleur au soir d'une vie sacrifiée,
Ces vies montage d'une vie
Encore plus heureuse, Encore plus lumineuse, Encore plus soyeuse
Ces vies qui portent le germe
De la naissance
Ces vies crépuscule et aube étoilés
Ces vies qui s'accrochent vigoureusement
Au pouvoir du bourgeonnement
Ces fragments de vie qui s'envolent
Aux heures tièdes du jour.

---

[36] https://www.recoursaupoeme.fr/auteurs/anne-rachel-aboyoyo-aboyoyo/

Anne Rachel Aboyoyo Aboyoyoyo

Am Sprung

Diese Lebensfetzen, die verfliegen
In den lauen Stunden des Tages
Diese Bruchstücke, die sich verteilen,
im rasenden Gefecht des Nichts
Diese Bruchstücke kollidieren
in den Kerkern der Enge
Diese leblosen Leben
erwachen an mondhellen Abenden
Diese leblosen Leben
erwachen in der Hoffnung,
die Macht des Todes zu brechen
Diese wahren Leben,
verloren in Wogen der Verachtung
Diese bunten Leben,
auf der Suche nach Glück
Diese Lebensästchen,
die einen vergebenen Abend weinend betanzen
Diese Lebensbaukästen,
noch glücklicher, noch heller, noch seidiger
Diese Leben, die den Samen
der Geburt tragen
Diese sternenklaren Dämmerungs- und Morgenröte-Leben.
Diese Leben, die sich festkrallen
in der Macht des Wachstums
Diese Lebensfetzen, die verfliegen,
in den lauen Stunden des Tages

Côte d'Ivoire, en forme longue **république de Côte d'Ivoire (RCI)**, est un pays situé en Afrique, sur l'océan Atlantique[6]. Le francais est la seule langue officielle en Côte d'Ivoire

Tanella Suzanne Boni est née à Abidjan (Côte d'Ivoire) en 1954. Elle a étudié à Toulouse et à Paris, où elle a également obtenu son doctorat en littérature. Elle vit à Abidjan et y enseigne la philosophie à l'université. De 1991 à 1997, elle a été présidente de l'Association des écrivains de Côte d'Ivoire. Elle est membre du personnel exécutif de la Francophonie de Côte d'Ivoire.

cette parole dite[37]

cette parole dite
est une eau de source parfumée
eau-gingembre eau-ananas eau-citron
parole d'un beau roman
qui jamais ne s'écrira
à quatre mains
à deux voix
à deux souffles liés en gerbes
arc-en-ciel
les deux souffles sont des îles
voisines dans l'océan
de la vie
les deux souffles s'oublient
se désirent
au même endroit
séparément

---

[37] Tanella Suzanne Boni. Chaque Jour L'Espérance. Edition l'Harmattan. Paris 2002

*Côte d'Ivoire (Elfenbeinküste), in der Langform **Republik Côte d'Ivoire (RCI)**, ist ein Land in Afrika, am Atlantischen Ozean. Französisch ist die einzige offizielle Sprache in der Elfenbeinküste.*

***Tanella Suzanne Boni** wurde 1954 in Abidjan (Elfenbeinküste) geboren. Studiert hat sie in Toulouse und Paris, wo sie auch ihren Doktortitel in Literatur erlangte. Sie lebt in Abidjan und unterrichtet dort an der Universität Philosophie. Von 1991 bis 1997 war sie Präsidentin des Schriftstellerverbands von Elfenbeinküste. Sie gehört dem Leitungsstab der Frankophonie der Elfenbeinküste an.*

dieses Wort

dieses Wort
ist duftender Wasserquell
Ingwer-Wasser, Ananas-Wasser, Zitronen-Wasser
Wort eines schönen Romans,
der niemals geschrieben wird
vierhändig
zweistimmig
in zwei Atemzügen zu Garben gebunden
Regenbogen
beide Atemzüge sind Inseln
Nachbarn im Ozean
des Lebens
beide Atemzüge sind vergessen
begehren einander
am selben Ort
jeder für sich

Djibouti en forme longue la **république de Djibouti** est un pays de la Corne de l'Afrique, situé sur la côte ouest du débouché méridional de la mer Rouge. Le français a à Djibouti, outre l'arabe, le statut de langue officiellement reconnue.

Chehem Watta, né à, Bouraïta, République de Djibouti en 1962.

Il y a le silence

d'avant le voyage
très lontaine odeur
soir de l'année prochaine
vide de l'aveu du vide
couché dans le sable
des jours défunts

Il y a ce silence
puis son silence
son autre silence
noeud coulant
dense et sourd
d'océan en fleuve
de pays en pays
de famine en famine
dans les ténèbres de la vie

Du néant sombre sortira
mon poéme agonisant
vivant comme ton amour à mort

Dschibuti, in der Langform **Republik Dschibuti** ist ein Land am Horn von Afrika, das an der Westküste der südlichen Mündung des Roten Meeres liegt. Französisch hat in Djibouti, neben Arabisch den Status einer offiziell anerkannten Sprache

Chehem Watta, geboren 1962 in Bouraïta, Republik Dschibuti.

Stille

Vor der Reise
Odem weiter Ferne
Abend des nächsten Jahres
Eingeständnis der Leere
versteckt im Sand
der toten Tage

Es gibt dieses Schweigen
dann sein Schweigen
dann sein anderes Schweigen
Schlinge
dicht und taub
vom Ozean zum Flusse
von Land zu Land
von Hungersnot zu Hungersnot
in der Dunkelheit des Lebens

Aus dem dunklen Nichts entspringt
mein sterbendes Gedicht
lebendig wie deine abgöttische Liebe

Abdourahman Waberi, né en 1965 à Djibouti, est un écrivain franco-djiboutien d'expression française.

Tours de chapelet pour Tombouctou[38]

Une petite amphore remplie d'eau
Pour les ablutions rituelles
Dans le creux d'une vallée aride
Dans la joie du jour commençant

Dans le bruit et la germination du temps
je n'ai rien à moi – sauf la crainte de Dieu
C'est Dieu qui pourvoit à la vie
Qu'Il m'a donnée
Jusqu'à mon heure ultime
Où il ne fera point nuit

Cheikna
On a retenu la leçon
Il a dit
Abaisse-toi et tu ressembleras
A la pleine lune
Dont les gens ne voient que le reflet dans l'eau
Ne soit pas arrogant comme la fumée
Qui s'élève dans le ciel
Alors qu'elle n'est qu'un produit de la terre
Le chien de mon intérieur est là
couché devant le chenil de la vie
Nu
tel le nourrisson
Qui attend tout de nous

---

[38] https://www.recoursaupoeme.fr/auteurs/abdourahman-waberi/

Abdourahman Waberi, geboren 1965 in Dschibuti, ist ein französisch-sprachiger französisch-dschibutischer Schriftsteller.

Rosenkranz für Timbuktu

Eine kleine Amphore mit Wasser
für rituelle Waschungen
In der Mulde eines trockenen Tals
In der Freude des beginnenden Tages

Im Lärm und Keimen der Zeit
habe ich nichts bei mir - außer Gottesfurcht
Gott sorgt für mein Leben,
das er mir gab
Bis zu meiner letzten Stunde,
wo es niemals dunkel sein wird

Cheikna

Wir haben unsere Lektion gelernt,
sagte er
Bück dich und du siehst aus wie
der Vollmond,
dessen Schein man im Wasser erblickt
Sei nicht arrogant wie Nebel,
der in den Himmel steigt
Ist nur ein irdisches Produkt
Der Hund meines Inneren ist da
und liegt vor dem Zwinger meines Lebens
nackt,
wie ein Kind,
das sich völlig ergibt

Le Gabon, en forme longue **la République gabonaise**, est un pays situé en Afrique centrale. Ancienne colonie française, le Gabon est indépendant depuis le 17 août 1960. Le français est la langue officielle du Gabon.

M. Ndouna Depenaud, Né à Akiéni le 7 juillet 1937 dans la province du Haut-Ogooué au sud-est du pays et mort assassiné le 19 juillet 1977 à Libreville.

La honte et la peur[39]

Il pleut et il fait soleil et les fantômes
Enfantent des jumeaux derrière les arbres.
Grand père, toi qui sait faire rire.
Toi dont la barbe fleurit d'anecdotes.
Raconte-nous une belle histoire, tu veux ?
« Autrefois, deux hommes, la Honte et la Peur
S'étaient lié une solide amitié.
Un jour, ensemble, ils tendirent des pièges,
Bien loin du village, bien loin des hommes.
Les jours passèrent, « aucun » ne visita les pièges.
La Peur éprouvait de la frayeur à s'y rendre
Toute seule dans les profondeurs de la forêt.
Pour la Honte, rapporter seule le gibier commun,
C'est courir le risque d'être accusée de vol.
Le gibier pris au piège se putréfiait et
Les deux hommes mouraient de faim ».

A qui imputer la faute?

---

[39] https://lettrenoires.com/focus-nduna- Depenaud -poete-gabonais/

Gabun, in der Langform **Gabunische Republik**, ist ein Land in Zentralafrika. Früher eine französische Kolonie, ist Gabun seit dem 17. August 1960 unabhängig. Französisch ist die offizielle Sprache Gabuns.

M. Ndouna Depenaud, geboren in Akiéni am 7. Juli 1937 in der Provinz Haut-Ogooué im Südosten des Landes und ermordet am 19. Juli 1977 in Libreville.

Schande und Angst

Es regnet und es ist sonnig und die Geister
gebären Zwillinge hinter den Bäumen
Großvater, du weißt, wie man Menschen zum Lachen bringt.
Du, dessen Bart vor Anekdoten sprüht
Erzähl uns eine schöne Geschichte, ja?
"Es waren einmal zwei Männer, Schande und Angst,
die enge Freundschaft geknüpft hatten.
Eines Tages stellten sie gemeinsam Fallen auf,
Weit weg vom Dorf, weit weg von den Menschen.
Die Tage vergingen, und keiner der beiden besuchte die Fallen.
Die Angst hatte große Furcht davor,
ganz allein in die Tiefen des Waldes zu gehen
Für die Schande wiederum bedeutete,
die gemeinsame Beute alleine zu holen,
das große Risiko, wegen Diebstahls angeklagt zu werden.
Das gefangene Wild verfaulte schließlich
und beide Männer verhungerten"

Wessen Fehler war es?

Les Comores, en forme longue l'**Union des Comores** est une république fédérale d'Afrique australe située dans le nord du canal du Mozambique, un espace maritime de l'océan Indien. Le français est la langue administrative, l'arabe la langue religieuse.

Mahamoud M'Saidié est né à M'dé Bambao, aux Comores. Il vit à Paris depuis 1987.

La marée[40]

La marée nous revient avec une écume de sang
Dans la sagacité des flux et des reflux
transparaît la douleur des algues
On y voit aussi les plaies des coraux
le désespoir des varechs
Leur puanteur habite la comète de nos rêves éveillés
Un silence d'angoisse s'installe dans les
entrailles de cette mer qui s'en va
L'acier de sa souffrance nous monte à
la gorge revisite le palais
La mer
Elle était notre souffle d'or
notre ville àla paupière d'eau douce
L'antidote contre les nuits d'hypnose

---

[40] Mahamoud M'Saidié. Chants d'Opale. Editions Encres Vives. Colomiers 2009

Die Komoren, in der Langform die **Union der Komoren** ist eine Bundesrepublik des südlichen Afrikas, die im nördlichen Teil des mosambikanischen Kanals, im Indischen Ozean, liegt. Französisch ist die Verwaltungssprache, Arabisch die religiöse Sprache.

Mahamoud M'Saidié wurde in M'dé Bambao auf den Komoren geboren. Er lebt seit 1987 in Paris.

Die Gezeiten

Die Flut kommt mit Schaum aus Blut
Durch den Rhythmus von Flux und Reflux
schimmern die Schmerzen der Algen,
die Wunden der Korallen
und die Verzweiflung des Seetangs
Ihr Gestank bevölkert den Kosmos unserer Wachträume
Eine Stille der Beklemmung breitet sich in den
Eingeweiden des zurückweichenden Meeres aus
Die Härte seines Leidens steigt uns von der
Kehle, hoch zum Gaumen
Das Meer
war unser goldener Atem
Unsere Stadt mit Augenlidern aus Süßwasser
das Gegenmittel für hypnotisierende Nächte.

Mayotte, officiellement appelée le département de Mayotte, est à la fois une région et un département de la France dans le canal du Mozambique. Apart de la langue nationale Mahorais le français est la langue officielle.

Yazidou Maandhui[41], né en 1983 à Pamadzi, un village de Mayotte

Évasion

S'effiloche le bleu des cieux
Au-dessus de la mer,
Je m'y accroche et à mille lieues
M'envole hors de la terre,

Curieux ce feu qui me brûle
Écarlates flammes de peine
Je m'endors dans une bulle
Hors de mon cœur plein de haine

La mer

Solitaire parmi les nuits
Pétale parmi les roses
Quel est celui que tu espères
Ô ! mer solitaire

----

[41] Yazidou Maandhui. Extraits pris du recueil "Le palimpseste du silence ou le silence des Dieux". Mayotte 2005

Mayotte, *offiziell als* **Departement Mayotte** *bezeichnet, ist ein Überseedepartement Frankreichs im Kanal von Mosambik. Französisch neben der Umgangssprache Mahorais die offizielle Sprache des Staates.*

Yazidou Maandhui, *geboren 1983 in Pamadzi, einem Dorf in Mayotte.*

Flucht

Das Blau des Himmels zerfasert
Über dem Meer
Ich halte mich daran fest und tausend Meilen weg
entfliehe ich der Erde

Eigenartig dieses Feuer, das mich verbrennt
Scharlachrote Flammen der Trübsal
Ich schlafe in einer Blase ein,
außerhalb meines hasserfüllten Herzens

Das Meer

Einsamste aller Nächte
Blütenblatt unter den Rosen
Wer ist es, den du erwartest
Oh, einsame See

La **république de Guinée** (aussi appelée **Guinée-Conakry** du nom de sa capitale pour la différencier de la **Guinée-Bissau** et de la **Guinée équatoriale**, est un pays d'Afrique de l'Ouest. A côté plusieurs langues indigénes parlées par le peuple, le français est la langue officielle.

Ahmed Sékou Touré[42] , né en 1922 à Faranah, mort le 26 mars 1984 à Cleveland, Ohio, était le président la république de Guinée de 1958 jusqu'à sa mort.

Femmes d'Afrique

Levons-nous !
Comme le feu
Nous sommes l'énergie,
Comme l'air
Nous sommes indispensables,
Comme l'eau
Nous sommes la source,
La source de toute vie animée.

Femmes d'Afrique
Unissons-nous
Et agissons en communions!
Le chantier est à tous
L'avenir en creation
Est dans la sueur du front
Et dans le sang ces veines
Il sera à nous
Préparons avec courage le voyage

Qui mènera constamment
Nos maris et nos enfants
Au port de la pureté
Où est bannie la tutelle
De ceux qui rient
Quand nous pleurons.
Le beau temps arrive.
Nos maris devenus nos amis,

Et nos enfants, nos frères et nos sœurs,
Sont tous de la ronde,
La ronde de la Révolution
Pour fêter ensemble la victoire finale :
Victoire des femmes,
Victoire des hommes
Victoire de l'humanité
Qui renaît pour ne plus mourir.

---

[42] blogdesylvie.afrikblog.con/archives/2013/02/09/2637626.html

Guinea, in der Langform die **Republik Guinea**, auch inoffiziell nach seiner Hauptstadt **Guinea-Conakry** genannt, um es von **Guinea-Bissau** und **Äquatorialguinea** abzugrenzen, ist ein Land in Westafrika. Neben mehreren indigenen Sprachen, die von der Bevölkerung gesprochen werden, ist Französisch die offiziellen Sprache des Staates.

Ahmed Sékou Touré, geboren 1922 in Faranah, gestorben am 26. März 1984 in Cleveland, Ohio, war von 1958 bis zu seinem Tod Präsident der Republik Guinea.

Frauen Afrikas

Erheben wir uns!
Wie Feuer
Sind wir Energie,
Wie Luft
Sind wir unverzichtbar,
Wie Wasser
Sind wir Quelle,
Quelle allen belebten Lebens.

Die unsere Ehemänner und Kinder
beständig voranbringt
Zum Hafen der Reinheit
Wo die Knechtung derer verboten ist,
die lachen und weinen
Die neue Zeit ist gekommen.
Unsere Ehemänner wurden unsere Freunde

Frauen Afrikas
Vereinen wir uns
Handeln wir in Gemeinsamkeit
Die Baustelle ist für alle da
Die neue Zukunft
im Schweiße unseres Angesichts
Und im Blute unserer Venen
Es wird an uns sein
Bereiten wir die Reise mutig vor

Und unsere Kinder, unsere Brüder und Schwestern,
Sind alle mit dabei
in der Runde der Revolution
Um gemeinsam den endgültigen Sieg zu feiern:
Sieg der Frauen,
Sieg der Männer
Sieg der Menschheit
Wiedergeboren und nie mehr sterben

Le Congo ou aussi **la république du Congo** est fréquemment appelée «**Congo-Brazzaville**» pour la distinguer de l'autre Congo, officiellement nommé «**république démocratique du Congo**», aussi appelé «**Congo-Kinshasa**». La langue officielle de la république du Congo est le français et est parlé par plus du moitié de la population.

Chardin Fresnel Dzama-Omeko, né en 1994, à Brazzaville.

Il est Temps[43]

Il est temps que je ne pleure plus
Le soleil a bruni
Les feuilles ne charment plus
La mort n'est plus l'aïeule punie
Pays du voleur ignoré

Il est temps que je demeure emprisonné
Dans mon palais de lilas
Situé nulle part, situé ô roi
Peut-être chez toi
Il est temps que je ne dise plus hélas

---

[43] Chardin Fresnel Dzama-Omeko. La mort quand tu nous prends. Paris 2015

Der Kongo oder auch **Republik Kongo** genannt, wird häufig als **„Kongo-Brazzaville"** bezeichnet, um ihn vom anderen Kongo zu unterscheiden, der offiziell als **„Demokratische Republik Kongo"**, auch bekannt als **„Kongo-Kinshasa",** bezeichnet wird. Die Staatssprache der Republik Kongo ist Französisch und wird wird von ca. 50% der Bevölkerung gesprochen.

Chardin Fresnel Dzama-Omeko, *geboren 1994, in Brazzaville.*

Es ist Zeit.

Es ist Zeit nicht mehr zu weinen.
Die Sonne ist braun geworden
Die Blätter entzücken nicht mehr
Der Tod ist nicht mehr der gequälte Älteste
Land des missachteten Diebes

Es ist Zeit für mich, gefangen zu bleiben
In meinem Palast aus Flieder
Nirgendwo gelegen, mein König
Vielleicht bei dir zu Hause.
Es ist an der Zeit, nicht mehr zu klagen

République Démocratique du Congo est un pays d'Afrique centrale. C'est le quatrième pays le plus peuplé d'Afrique (derrière le Nigeria, l'Éthiopie et l'Égypte) ainsi que le pays francophone le plus peuplé. Environ 90% de sa population de 100 millions d'habitants parlent le français qui est, à part des langues indigénes, la langue officielle de la république.

Fiston Mwanza Mujila, né en 1981 à Lubumbashi, a fait des études de Lettres et Sciences humaines. Il a quitté le Congo en 2007 et était était Ecrivain de la ville de Graz en 2009/2010, il où il vit toujours.

je bois le fleuve[44]

je bois le fleuve
tout le fleuve au goulot
afin d'éradiquer l'incendie
bouillant dans mon ventre
depuis l'âge de la pierre taillée

Mon lit

Je n'ai pas de pays.
Mon pays demeure le lit
dans lequel je me couche chaque soir.
Mon exil commence chaque matin
lorsque je quitte mon lit.
Je suis l'exil.
Un deuxième exil?
Non, merci...

---

[44] https://www.prinpolux.lu/fiston_mwanza_mujila.htm

*Die **Demokratische Republik Kongo** ist ein Land in Zentralafrika. Es gehört zu den vier bevölkerungsreichsten Ländern Afrikas (hinter Nigeria, Äthiopien und Ägypten) und ist auch das bevölkerungsreichste französischsprachige Land. Etwa 90% von 100 Millionen Menschen sprechen Französisch, das die offizielle Sprache der Republik ist.*

***Fiston Mwanza Mujila**, geboren 1981 in Lubumbashi, studierte Literatur und Geisteswissenschaften. Er hat den Kongo 2007 verlassen und wurde 2009/2010 Stadtschreiber der Stadt Graz und lebt noch dort.*

ich trinke den fluss[45]

ich trinke den fluss
den ganzen fluss tief hinunter in den hals
um das feuer auszulöschen
das in meinem bauche kocht
seit der steinzeit

Mein Bett...

Ich habe kein Land.
Mein Land ist das Bett,
in dem ich jede Nacht schlafe.
Mein Exil beginnt jeden Morgen,
wenn ich mein Bett verlasse.
Ich bin das Exil...
Ein zweites Exil?
Nein, danke

---

[45] https://www.prinpolux.lu/fiston_mwanza_mujila.htm

La république de Madagascar est un état insulaire de l'océan Indien. A part du malgache, le français est la deuxième langue officielle.

Jean-Joseph Rabearivelo, né Joseph-Casimir Rabeen 1901 ou 1903 à Isoraka (quartier de Tananarive), est le premier écrivain Malgache d'expression française. Il est considéré comme étant une figure littéraire majeure à Madagascar et également en Afrique.

Les trois oiseaux[46]

L'oiseau de fer, l'oiseau d'acier,
après avoir lacéré les nuages du matin
et voulu picorer des étoiles
au-delà du jour,
descend comme à regret
dans une grotte artificielle.

L'oiseau de chair, l'oiseau de plumes
qui creuse un tunnel dans le vent
pour parvenir jusqu'à la lune qu'il a vue en rêve
dans les branches,
tombe en même temps que le soir
dans un dédale de feuillage.

Celui qui est immatériel, lui,
charme le gardien du crâne
avec son chant balbutiant,
puis ouvre des ailes résonnantes
et va pacifier l'espace
pour n'en revenir qu'une fois éternel.

---

[46] Jean-Joseph Rabearivelo. Presque-Songes. Editions Honoré Champion. Paris 2013

Madagaskar, in der Langform die **Republik Madagaskar,** ist ein Inselstaat im Indischen Ozean. Französisch ist die zweite Amtssprache, die von etwa 20% der madagassischen Bevölkerung gesprochen wird.

Jean-Joseph Rabearivelo, geboren als Joseph-Casimir Rabe 1901 oder 1903 in Isoraka (Bezirk Tananarive), ist der bekannteste madagassische Schriftsteller. Er gilt als eine bedeutende literarische Persönlichkeit in Madagaskar und auch in Afrika.

Die drei Vögel

Eiserner Vogel, stählerner Vogel,
Wolltest nach dem Zerreißen der Morgenwolken
Die Sterne picken
Jenseits des Tages
Kommst nur sehr unwillig zu Boden.
In deine künstliche Höhle.

Vogel aus Fleisch, Vogel aus Federn
Gräbst einen Tunnel im Wind,
Um den Mond zu erreichen,
Den du auf Ästen träumend sahst
Du fällst am Abend
In einen Irrgarten aus Laub.

Der Immaterielle, seinerseits
Bezaubert den Hüter des Schädels
Mit seinem stotternden Lied.
Öffnet dann schwingende Flügel
Und wird den Raum befrieden,
Um für ewig zurückzukehren.

La république du Mali, est un pays d'Afrique de l'Ouest. Au Mali le **français** est langue officielle reconnue, mais la plupart de la population utilisent des langues indigènes comme langues parlées

Souleymane Yacouba Sidibé, dit **Bébél**, né en 1949 à Bamako, est un officier général malien.

Ombre et lumière[47]

La nébuleuse de la nuit noire
Sème l'esquisse de la pénombre
Qui fait germer lentement la lueur
Génitrice de la clarté naissante.
Le clair-obscur ainsi conçu
À l'heure de l'éclosion de l'aurore
Dévoile peu à peu le lever du soleil
Sur la nature qui ne tarde pas à s'illuminer.
A l'orage succède le beau temps
Comme au bruit d'un océan déchaîné
Le silence apaisant d'une mer calme.
Au plus profond du désespoir se niche
Obstinément une minuscule lueur d'espoir.

L'arbre qui égrène ses feuilles à l'automne Se pare d'une nouvelle robe de verdure
À l'annonce du printemps radieux.
Ainsi passons-nous, simple loi de la nature
Ou sans doute omnipotence du Dieu créateur
Bien souvent de l'ombre à la lumière,
De la naissance à la miraculeuse renaissance
Comme ces cités disparues et reconstruites
Comme le Phénix qui renaît de ses cendres,
De l'angoisse pour un pays qui semble sombrer
Mais qui n'obéit qu'au principe d'Archimède

---

[47] https://www.poemes.co/ombre-et-lumiere-poeme.html

*Die ehemalige französische Kolonie **Mali**, in der Langform der **Republik Mali**, ist ein Land in Westafrika. In Mali ist Französisch die anerkannte Amtssprache, aber der größte Teil der Bevölkerung verwendet indigene Sprachen als Umgangssprachen.*

***Souleymane Yacouba Sidibé**, bekannt als Bébél, geboren 1949 in Bamako, ist ein malischer Generaloffizier. Er hat in der malischen Gendarmerie gedient und war mehrmals Minister und Botschafter.*

Licht und Schatten

Der Nebel der dunklen Nacht
Sät eine Idee Finsternis,
die das Licht langsam sprießen lässt
Schöpfer aufkeimender Klarheit.
So entstandenes Helldunkel
zur Stunde der Morgendämmerung
enthüllt allmählich den
Sonnenaufgang
Für die Natur, die bald leuchten
wird.
Auf Sturm folgt gutes Wetter.
Wie Rauschen eines wütenden
Ozeans
Beruhigende Stille einer ruhigen
See.
In Tiefen der Verzweiflung nistet
sich
ein winziger Hoffnungsschimmer
hartnäckig ein.

Der Baum, der im Herbst seine
Blätter abwirft
Trägt ein neues Kleid aus Grün
Und kündet strahlenden Frühling
So wandern wir - einfaches
Naturgesetz
Oder auch Allmacht Gottes des
Schöpfers
häufig vom Schatten ins Licht,
von der Geburt bis zur
wundersamen Wiedergeburt
Wie die verlorenen und
wiederaufgebauten Städte
Wie der Phönix, aus seiner Asche
aus der Angst um ein Land,
geboren, das zu versinken scheint
Dabei aber nur dem
archimedischen Prinzip gehorchend

Léon Niangaly, de son vrai nom Doumnokéné, est né en 1952 à Koro au pays dogon. Il a fait des études fondamentales à L'école de sa ville natale. Après les lycées de Badalabougou et de Markala pour les études sécondaires de Philosophie et langues , il poursuit des études de Sciences juruduques à l'Ecole Nationale D'Adminstration de Bamako. Magistrat, il a servi comme juge ou Procureur de la République dans divers jurudictions de son pays.

Chant à Toumbouctou[48]

Je te dresse une couronne de sable
Aux couleurs vives de soleil
Quelles gerbe de mots d'étincelles
Me vouent aux parchemins inaccessibles
Des ressacs de dômes et minarets
Ville aux douleurs sahariennes

Tu me baptises un visage de femme
Taille de dôme au regard voilé de vents
Et je ressens les you-you de Abaradjou
Comme une morsure d'une extase d'alcove
Lèvres ourlées et regard de Lallaicha
Ma ville aux douleurs sahariennes.

Je dis un nom de fille de Djinguiraber
Ma voisine de sang, ma cousine d'alcove
Plus violente qu'un vent de sable
Mais empreinte de savoir de Sankoré
Ville mienne à la mi-temps de mes ages
Ma ville aux douleurs sahariennes.

---

[48] https://www.poemes.co/chant-a-tombouctou-poeme.html

Léon Niangaly, dessen richtiger Name Doumnokéné ist, wurde 1952 in Koro im Dogonland geboren. Er absolvierte das Grundstudium an der Schule in seiner Heimatstadt. Nach den Gymnasien von Badalabougou und Markala für Philosophie und Sprachen studierte er Rechtswissenschaften an der National School of Administration von Bamako. Als Beamter war er in verschiedenen Gerichtsbarkeiten seines Landes als Richter oder Staatsanwalt tätig.

Lied auf Timbuktu

Ich setze dir eine Sandkrone auf
in den leuchtenden Farben der Sonne
Welch Bündel funkelnder Worte
aus unzugänglichen Schriftrollen
Rückkehr von Kuppeln und Minaretten
Meine Saharastadt der Schmerzen

Du taufst mich in Frauengestalt
Große Kuppel mit Schleiern aus Winden
und ich fühle die you-you[49] Schreie von Abaradjou.
in Extase
Eingefallene Lippen und Lallaichas Blick
Meine Saharastadt der Schmerzen

Ich nenne den Namen eines Mädchens namens Djinguiraber
Meine Blutsverwandte, meine Cousine
Heftiger als ein Sandsturm.
Wissende von Sankoré[50]
Meine Stadt in der Mitte meines Alters
Meine Saharastadt der Schmerzen

---

[49] Ululation. Grelle Schreie (meist der Frauen) vorwiwegend in nordafrikaischen Ländern zum Ausdruck außergewöhnlicher Gefühlslagen

[50] Stadtteil und Moschee in Timbuktu

Le Maroc (en arabe *al-Maġrib*), ou depuis 1957, en forme longue **le royaume du Maroc**, est situé en Afrique du Nord. La langue francaise n'a pas de status de lange officielle, mais elle est largement utilisée au Maroc. Le français est la langue de l'économie, des études supérieures scientifiques et techniques, et la langue de travail de plusieurs ministères. Il est enseigné dans les écoles primaires, collèges et lycées, dans toutes les universités et dans les écoles supérieures. Le français intervient également *de facto* comme langue administrative à côté de l'arabe.

Tahar Ben Jelloun, né à Fès en 1944. Poète, romancier, intellectuel engagé, professeur de philosophie à Tétouan puis à Casablanca et jounaliste.

Amour

Que faire pour vous dire l'insomnie de l'amour
quand dans mon pays on ne parle que par métaphore ?
Comprendriez-vous la force des sentiments
si je vous disais Que je meure dans votre vie ?

une romance est dans mes yeux
et mon coeur est blanc comme la soie
tout en moi se souvient de vos rêves
et je porte en moi l'ombre de votre regard,

vous qui n'êtes plus
parce que vous m'aviez pris au mot
et c'est dans ma vie que la douleur vous a emportée.
Que faire à présent des métaphores et des larmes ?

*Marokko (auf Arabisch al-Maġrib), bzw. seit 1957 in der langen Form **das Königreich Marokko**, ist ein Staat in Nordafrika. Die französische Sprache hat keinen offiziellen Status, aber sie ist in Marokko weit verbreitet. Französisch ist die Sprache der Wirtschaft, der höheren wissenschaftlichen und technischen Studien und die Arbeitssprache mehrerer Ministerien. Es wird an Grund-, Mittel- und Oberschulen sowie an allen Universitäten und Hochschulen gelehrt. Französisch wird neben Arabisch de facto auch als Verwaltungssprache verwendet.*

__Tahar Ben Jelloun__, 1944 in Fez geboren. Dichter, Romancier, engagierter Intellektueller, Professor für Philosophie in Tetouan und dann in Casablanca und Journalist.

Liebe

Wie kann ich Euch von Liebeskummer berichten,
wenn wir in meinem Land nur in Metaphern sprechen?
Begreifst du die Macht der Gefühle,
wenn ich dir sagte, dass ich in deinem Leben sterben werde?

Eine Romanze steckt in meinen Augen
und mein Herz ist weiß wie Seide
Alles in mir erinnert sich an deine Träume
und ich trage den Schatten deines Blicks in mir

Du, die du nicht mehr bist,
weil du mich beim Wort genommen hattest.
Und es geschah, dass der Schmerz dich dahingerafft hatte.
Was soll ich nun mit Metaphern und Tränen tun?

Abdellatif Bhiri, né à Safi, 1962. Il est un enseignant de la langue française et de littérature au secondaire.

Genèse

Avant l'éclosion d'un poème
Il faut bien tout un rituel
Même dans un lieu habituel
La page blanche n'est plus blême

La plume danse enchantée
Les vers s'alignent en harmonie
Les rimes chantent leur symphonie
Orchestrée par des gorgées de café

Malgré le vacarme qui règne
Le poète semble en absence
Il sourit aux gens avec aisance
N'est-ce pas d'eux qu'il s'imprègne ?

Dans le doute ce sont les ratures
Qui ne durent qu'un laps de temps
Le poète célèbre le printemps
Et son texte est enfin mature

C'est à ce moment seulement
Que le rituel est en accalmie
Le poète retrouve ses amis
Satisfait de son « garnement » !

Abdellatif Bhiri, geboren 1962 in Safi. Er ist Sekundarschullehrer für französische Sprache und Literatur.

Genese

Bevor ein Gedicht erblüht
Bedarf es bestimmter Rituale
Selbst an einem gewöhnlichen Ort
Bleibt die blanke Seite nicht mehr blank

Die Feder tanzt verzaubert
Die Verse ordnen sich im Gleichklang
Reime singen ihre Sinfonie
Instrumentiert mit Kaffee Schlückchen

Trotz des Lärms
Scheint der Dichter nicht präsent
Er lächelt die Menschen in Gelassenheit an
Wahrscheinlich sind sie seine Inspiration.

Im Zweifelsfall sind es die Unschärfen,
die nur für kurze Zeit andauern
Der Dichter feiert den Frühling
Und sein Text ist endlich ausgereift

Erst dann,
wenn das Ritual beendet,
trifft er seine Freunde
Zufrieden mit seiner „Schurkerei"

Abdelkarim Bahmani. Professeur de français au lycée AL MAJD, Azrou Ait-Melloul Agadir.

Les mots rebelles[51]

Sous la ramure d'un arbre géant
J'admire la frondaison de ces bois
J'entends le ramage de ces créatures fragiles
Comme une panacée, il jette aux alentours la joie
Le bonheur irradie de leur gazouillement
Comme il est beau !
Je me sens revivre
Un air doux frôle mes narines
M'enivre l'esprit et m'engourdit
Mon âme rêveuse volette
Ne laisse pas d'être radieuse.

Cependant que je m'extasie
D'implacables convulsions m'arrachent le cœur!
Ces mots que je ne saurais dompter
Se déchainent contre moi
Tel un pauvre canotier
Qui rame au sein d'une mer houleuse
Ils rêvent de liberté
De monter sur les ailes du vent
Pour sonder les profondeurs de l'inconnu.
Je voudrais échapper à leur emprise
Ils s'obstinent et s'emportent
Ils me privent enfin de ma liberté !

---

[51] https://www.poemes.co/les-mots-rebelles-poeme.html

Abdelkarim Bahmani. *Französischlehrerin am Gymnasium AL MAJD, Azrou Ait-Melloul Agadir.*

Rebellische Wörter

Unter dem Geäst eines riesigen Baumes
bewundere ich das Blattwerk dieser Hölzer
Ich kann das Geraune dieser zarten Geschöpfe hören
Wie ein Heilmittel wirft er Freude um sich
Aus ihrem Gezwitscher strahlt Glück
Wie hübsch er ist!
Ich fühle mich wieder jung.
Sanfte Luft streichelt meine Nüstern
Berauscht meinen Geist
Betäubt mich
Meine verträumte Seele wandelt dahin
Und strahlt

Obwohl ich entzückt bin,
zerreißen unerbittliche Krämpfe
mir das Herz
Diese Worte, die ich nicht zähmen kann
entfesseln sich gegen mich
Gleich einem armen Bootsfahrer,
der gegen stürmische Wogen rudert,
träumen sie von der Freiheit,
auf den Flügeln des Windes zu reiten,
um die Tiefen des Unbekannten auszuloten
Ich würde mich gerne ihrem Banne entziehen
Sie sind hartnäckig.
Sie reißen mich mit
Sie berauben mich endlich meiner Freiheit!

La Mauritanie, en forme longue **la république islamique de Mauritanie** est un pays d'Afrique du Nord-Ouest. Les langues nationales sont l'arabe-hassaniya, le peul, le soninké, et le wolof. Le français est, de facto, l'une des langues de travail au sein de l'administration, même s'il n'a pas le statut de langue officielle.

Ousmane Moussa Diagana, né en 1951 à Kaédi, décédé le 9 août 2001 à Nouakchott. Il a suivi des études de Lettres au Maroc puis à Paris où il a obtenu un Doctorat ès Lettres. Poète et linguiste distingué, Ousmane Diagana était professeur à la Faculté des Lettres et Sciences Humaines de Nouakchott où il travaillait sur la langue et la littérature orale soninkés.

Mon pays[52]

Mon pays est une perle discrète
Telle des traces dans le sable
Mon pays est une perle discrète
Telle des murmures de vagues
Sous un bruissement vespéral
Mon pays est un palimpseste
Où s'usent mes yeux insomniaques
Pour traquer la mémoire

---

[52] M'bouh Séta Diagana. Littérature Mauritanienne en langue française, 2004 p. 83

Mauretanien, in seiner langen Form die **Islamische Republik Mauretanien**, ist ein Land in Nordwestafrika. Die Amtssprache ist Arabisch, die Landessprachen sind Arabisch-Hassaniya, Fulani, Soninke und Wolof. Französisch ist de facto eine der Arbeitssprachen innerhalb der Verwaltung, auch wenn es nicht den Status einer Amtssprache hat.

Ousmane Moussa Diagana, geboren 1951 in Kaédi, starb 2001 in Nouakchott. Er studierte Literatur in Marokko und dann in Paris, wo er zum Doktor der Literatur promovierte. Als angesehener Dichter und Linguist war Ousmane Diagana Professor an der Fakultät für Literatur- und Geisteswissenschaften in Nouakchott, wo er sich mit der Soninke-Sprache und der mündlichen Dichtung beschäftigte.

Mein Land

Mein Land ist eine diskrete Perle...
Wie Spuren im Sand
Mein Land ist eine diskrete Perle
Wie das Brausen der Wellen
Unter einem abendlichen Rauschen
Mein Land ist ein Palimpsest[53] ,
in dem meine schlaflosen Augen ermüden,
um die Erinnerung wieder zu entdecken.

---

[53] Antike oder mittelalterliche, beschriebene Manuskriptseite oder -rolle, die, durch Schaben oder Waschen gereinigt und danach neu beschrieben wurde

Le **Niger**, en forme longue la **république du Niger**, est un pays steppique d'Afrique de l'Ouest. A part d'une dizaine de langues nationales, le français est la langue officielle du Niger.

Kourman agg-Elselisu, 1912-1989. Poète Touareg

Ebeljod, mon ami[54]

Ebeljod, mon ami, j'ai songé jusqu'à l'aube
aux jours enfuis où j'entendais gémir la vièle
et où, auprès du puits, venait vers moi la fille
qui savait apaiser mes tourments innombrables.
Les pleurs baignaient ma joue, mon âme était ardente ;
luttant contre le mal qui torturait mes flancs,
je recherchais en vain un sommeil qui fuyait.
Ah ! quand je dis cela, mes paroles résonnent
comme si dans la tombe on m'avait étendu,
là où règne la nuit que rien ne vient percer.

Mon cousin, j'ai dormi à l'entrée du vallon,
seul, près de deux buissons, comme un mort oublié ;
sans autre compagnie que d'amers souvenirs,
je répandais les pleurs dont s'inondaient mes yeux ;
dans mon âme brûlante un brasier flamboyait
et je cherchais en vain l'eau dont me rafraîchir [...]
Ah ! solitude amère (esuf) et tourments qui me tuent !
J'ai pris ma longe et ma cravache au cuir tanné,
et, voulant fuir ce lieu avant la fin du jour,
j'ai saisi mon chameau...

---

[54] Dominique Casajus. HAL. Archives-overtes.fr. La solitude du poète touareg. Paris 2008 p. 2-3

*Niger, in der langen Form der **Republik Niger**, ist ein Steppenland in Westafrika. Abgesehen von etwa zehn Landessprachen ist Französisch die Amtssprache des Niger.*

Kourman agg-Elselisu, 1912-1989. Tuareg-Dichter

Ebeljod, mein Freund

Ebeljod, mein Freund, ich habe bis zum Morgengrauen nachgedacht
Über die vergangenen Tage, als ich das Stöhnen der Drehleier hörte
und wo, beim Brunnen, das Mädchen zu mir kam,
das, meine zahllosen Qualen zu lindern verstand.
Die Tränen badeten meine Wange, meine Seele brannte;
Im Kampf gegen das Übel, das meine Flanken quälte,
suchte ich vergeblich nach flüchtigem Schlaf
Ach, wenn ich das sage, erklingen meine Worte,
wie wenn ich schon im Grabe läge,
dort, wo undurchdringliche Nacht herrscht

Lieber Cousin, ich schlief am Eingang des Tals,
allein, in der Nähe zweier Büsche, wie ein vergessener Toter.
Ohne Begleitung, aber mit bitteren Gedanken.
Ich vergoss Tränen, die meine Augen überfluteten.
In meiner brennenden Seele, ein loderndes Feuer.
Und ich suchte vergeblich nach Wasser, um mich zu erfrischen.
Ah! bittere Einsamkeit und Qualen, die mich vernichten!
Ich nahm meine Leine und meine Peitsche aus gegerbtem Leder
und ergriff mein Kamel,
um vor Ende des Tages diesem Orte zu entkommen.

Dans la vallée d'Abadrekum, là où les pluies
verdissaient l'an dernier les pousses d'awäjjagh,
j'ai erré tout le jour sur les aires désertes
des camps abandonnés,
et même l'ombre fraîche
apparaissait brûlante à mon coeur désolé.
Je croyais rencontrer celle auprès de laquelle
j'avais eu si souvent de tendres devisées,
la fille qui aurait mêlé son rire au mien
et dont j'aurais troublé les cheveux mis en tresse

Im Abadrekum-Tal, wo die Regenfälle
im vergangenen Jahr die Awäjjagh[55] Zweige ergrünen ließen
irrte ich den ganzen Tag durch abgelegene Gefilde
verlassener Lager
Sogar der kühle Schatten
schien mein trauriges Herz zu verbrennen.
Ich dachte, ich träfe diejenige,
mit der ich so oft liebäugelte.
Das Mädchen, dessen Lachen sich mit meinem vermischt hätte
und deren zu Zöpfen geflochtenes Haar ich zerzaust hätte

---

[55] *Ausdruck für eine Art Wüstendistel aus der Sprache der Touareg*

Le **Sénégal**, en forme longue la **république du Sénégal**, est un pays d'Afrique de l'Ouest. Il est bordé par l'océan Atlantique à l'ouest, la Mauritanie au nord-nord-est, le Mali à l'est-sud-est, la Guinée au sud-est et la Guinée-Bissau au sud-sud-ouest. Il existe une grande diversité linguistique à travers les langues au Sénégal. La Constitution de 2001 a reconnu au français le statut de langue officielle et à six langues celui de langues nationales

Léopold Sédar Senghor, né le 9 octobre 1906 à Joal, au Sénégal, et mort le 20 décembre 2001 à Verson, en France, est un poète, écrivain, homme d'État français, puis sénégalais et premier président de la République du Sénégal (1960-1980). Il fut aussi le premier Africain à siéger à l'Académie française.

Nuit de Sine[56] (extrait)

Femme, pose sur mon front tes mains balsamiques,
tes mains douces plus que fourrure.
Là-haut les palmes balancées
qui bruissent dans la haute brise nocturne.
À peine.
Pas même la chanson de nourrice.
Qu'il nous berce, le silence rythmé.
Écoutons son chant,
écoutons battre notre sang sombre,
écoutons battre le pouls profond de l'Afrique
dans la brume des villages perdus.

---

[56] Léopold Sédar Senghor. Chants d'ombre. Éditions du Seuil. Paris 1945

Senegal, in der langen Form die **Republik Senegal**, ist ein Land in Westafrika. Es grenzt im Westen an den Atlantischen Ozean, im Nord-Nordosten an Mauretanien, im Ost-Südosten an Mali, im Südosten an Guinea und im Süd-Südwesten an Guinea-Bissau. Im Senegal gibt es eine große sprachliche Vielfalt an Sprachen. Seit 2001 ist Französisch als offizielle Sprache anerkannt und sechs einheimische Sprachen (von insgesamt 27) haben den Status von Nationalsprachen.

Léopold Sédar Senghor, geboren 1906 in Joal, Senegal, und gestorben 2001 in Verson, Frankreich, war ein Dichter, Schriftsteller, französischer Staatsmann, dann Senegalese und erster Präsident der Republik Senegal (1960-1980). Er war auch der erste Afrikaner, der in der französischen Akademie vergtreten war.

Die Nacht des Sinus (Auszug)

Frau, lege deine Balsamhände auf meine Stirne,
deine Hände weicher als Fell
Dort oben rauschen die wiegenden Palmen
in heftiger Nachtbrise
Stille
Nicht einmal ein Ammengesang.
Sie möge uns wiegen, die rhythmische Stille
Lauschen wir ihrem Lied,
Lauschen wir dem Schlag unseres dunklen Blutes
Lauschen wir dem tiefen Puls Afrikas,
im Nebel der verlorenen Dörfer

Voici que décline la lune lasse vers son lit de mer étale
Voici que s'assoupissent les éclats de rire,
que les conteurs eux-mêmes
Dodelinent de la tête
comme l'enfant sur le dos de sa mère
Voici que les pieds des danseurs s'alourdissent,
que s'alourdit la langue des chœurs alternés.

C'est l'heure des étoiles et de la Nuit qui songe
S'accoude à cette colline de nuages,
drapée dans son long pagne de lait.
Les toits des cases luisent tendrement.
Que disent-ils, si confidentiels, aux étoiles ?
Dedans, le foyer s'éteint dans l'intimité d'odeurs âcres et douces.

Sieh, wie der müde Mond in seinem Meeresbett versinkt
Hier erschallt das Gelächter,
das die Häupter der Geschichtenerzähler
durchschüttelt,
wie ein Kind auf dem Rücken seiner Mutter
Die Füße der Tänzer werden schwerer,
im Maße des Gesanges der Wechselchöre

Es ist die Stunde der Sterne und der Nacht, die da denkt
und sich an diesen Wolkenberg lehnt,
umhüllt von milchweißem Tuche
Die Dächer der Hütten strahlen zärtlich.
Was sagen sie, so vertrauensvoll zu den Sternen?
Im Inneren erlischt der Herd in der Vertrautheit stechender und süßer
Gerüche

Les **Seychelles**, en forme longue la **république des Seychelles**, est un archipel de 115 îles situé dans l'ouest de l'océan Indien et rattaché au continent africain. Les Seychelles ont trois langues officielles: Le créole Seychellois, l'anglais et le français.

Magie Fauré-Vidot, est née aux Seychelles en 1958

Continuer la bataille[57]

Je suis devenue allergique à mes propres larmes
On m'a piqué avec une arme
Une arme tranchante et empoisonée
On veut que je sois aveuglée toute une vie
Pour que je ne voie plus les méchancetés
Pour que je sois paralysée devant les défis

Cependant je ne lâcherai pas la pagaie
Je continuerai la bataille
Toujours par le même biais
Même en touchant les objets
Je chercherai le champ
J'irai planter des fleurs tout en chantant

Ce Coeur qui pleure
Ce Coeur qui pleure
N'a sûrement pas peur
Il est fragile
Il ne supporte point les missiles
Le jour viendra
Où les souris seront détruites par le gros chats

---

[57] http://patrimages.over-blog.com/article-un-peu-de-poesie-des-seychelles-magie-faure-vidot-49643560.html

Die **Seychellen**, in der Langform **Republik Seychellen,** ist ein Archipel von 115 Inseln das im westlichen Indischen Ozean liegt und dem afrikanischen Kontinent angegliedert ist. Auf den Seychellen gibt es drei offizielle Sprachen: Seychellois Kreolisch, Englisch und Französisch

Magie Fauré-Vidot, wurde 1958 auf den Seychellen geboren.

Weiterkämpfen

Ich bin gegen meine eigenen Tränen allergisch geworden
Ich bin mit einer Waffe gestochen worden.
Einer scharfen, giftigen Waffe
Sie wollen, dass ich für den Rest meines Lebens blind bin
Damit ich die Ungeheuerlichkeiten nicht mehr sehe
Damit ich angesichts der Tatsachen gelähmt werde

Dennoch werde ich das Ruder nicht loslassen.
Ich werde den Kampf fortsetzen
Immer mit den gleichen Mitteln
Und die Sache angehen
Ich suche das Schlachtfeld
Ich werde Blumen pflanzen, während ich singe

Dieses weinende Herz
hat sicher keine Angst
Es ist zerbrechlich.
Es verträgt keine Raketen
Der Tag wird kommen
Wo die Mäuse von den Elephanten zertreten werden

Le **Togo**, en forme longue la **République togolaise**, est un pays d'Afrique de l'Ouest dont la population est estimée en 2020 à environ 8,6 millions d'habitants. La langue officielle du Togo est le français[33]. Les deux langues nationales sont l'éwé et le kabiyé.

Jean Koffigan Anipah est né en 1941, au Togo, plus précisément à Kpalimé, en pays Ewé.

Grand-père du quartier[58]

Quand j'étais enfant, au village,
Il y avait, dans le quartier où j'ai vu le jour, un vieil homme.
Ce vieil homme, aux cheveux gris et à la barbe blanche,
Était appelé par tous Togbui, à cause de son âge très avancé.
C'était un vieux très jovial.

Tous les soirs, au clair de lune,
Il réunissait autour de lui, dans sa cour,
À côté d'un feu de bois activé par quelques tisons,
Les enfants de mon âge, pour leur raconter des histoires.
C'étaient des contes tantôt pleins de morale,

Tantôt pleins d'humour et qui nous faisaient beaucoup rire.
C'est avec beaucoup de joie et de plaisir que tous
Voulaient se rendre dans sa concession pour écouter ce vieux et grand-papa,
Le soir, après les travaux champêtres ou les besognes domestiques.
Après le repas du soir, beaucoup se rendaient chez lui pour l'écouter.

---

[58] Jean Koffigan Anipah. Contes et Poèmes, Nice 2012 p. 21

Togo, in der Langform **Togolesische Republik**, ist ein westafrikanisches Land mit einer Bevölkerung von rund 8,6 Millionen im Jahr 2020. Die offizielle Sprache Togos ist Französisch. Die beiden Landessprachen sind Ewe und Kabiye.

Jean Koffigan Anipah wurde 1941 in Togo, genauer gesagt in Kpalimé, im Land der Ewé, geboren.

Großvater aus dem Viertel

Als ich ein Dorfkind war
gab es in der Nachbarschaft, in der ich geboren wurde, einen alten Mann.
Dieser alte Mann, mit grauem Haar und weißem Bart,
wurde von allen Togbui[59] genannt, wegen seines sehr hohen Alters.
Er war ein sehr fröhlicher alter Mann.

Jede Nacht, im Mondlicht,
versammelte er, in seinem Hof,
an einem Holzfeuer, Kinder in meinem Alter um sich,
um ihnen Geschichten zu erzählen.
Es waren Geschichten, die manchmal voller Moral waren,

manchmal voller Humor, und das hat uns sehr zum Lachen gebracht.
Mit großem Vergnügen und viel Freude
wollten wir alle in sein Geschäft gehen, um diesem alten Mann und Großvater zuzuhören.
Abends, nach der Feldarbeit oder nach der Hausarbeit.
Nach dem Abendessen gingen viele Menschen zu ihm nach Hause,
um ihm zu lauschen.

---

[59] *In der Sprache der Aja in Togo und Benin bedeutet „Togbui" Altvater, Großvater, Vorfahren etc.*

C'est avec la plus grande attention que nous nous suspendions à ses lèvres.

Tous, nous l'aimions, ce vieux papa du quartier.

Qui nous racontera encore des histoires pleines

De morale, d'humour et des exploits de certaines personnes

Après la disparition de ce vieux papa ?

Allons-nous laisser partir sans les remplacer les bibliothèques du village?

C'est à nous, les générations suivantes,

Qu'il incombe de prendre la relève,

Pour ne pas perdre, ainsi, l'une des richesses du village

Wir hingen mit äußerster Aufmerksamkeit an seinen Lippen.

Wir alle liebten ihn, den alten Papa des Viertels,

der uns noch lange Geschichten erzählen wird

Von Moral, Humor und den Heldentaten bestimmter Menschen

Nach dem Verschwinden des alten Vaters?

Werden wir sie vergehen lassen,

ohne sie in die Dorfbibliotheken zu bringen?

Es liegt an uns, an den nächsten Generationen,

diese Aufgabe zu übernehmen,

um auf diese Weise nicht eines der Reichtümer des Dorfes zu verlieren

La **Tunisie** en forme longue la **République tunisienne**, héritière de l'antique Carthage, est un État d'Afrique du Nord bordé au nord et à l'est par la mer Méditerranée. La Tunisie est l'État du Maghreb le plus homogène sur le plan linguistique car la quasi-totalité de la population parle l'arabe tunisien, ou darija, et comprend l'arabe littéral, qui est la langue officielle du pays, ainsi que le français.

Abdelwahab Meddeb, né en 1946 à Tunis et mort en 2014 à Paris, était un écrivain, poète et animateur de radio franco-tunisien.

Xerxès

Deux yeux exorbités saisis par la vision
Effarée d'un piège qui surprend le promeneur
Ustensile à la main le pied heurte le pavé
Xerxès se profile de la fente manteau de fumée

Mêlé à la glaise il prend de la rousseur
Ignée tel l'astre qui sort entre les monts
Lignée de haute portée où se croisent
Liens de sang et réseaux d'argent
Enrichis par ceux qui tardent à l'appel

Danse d'une femme qui s'éprend de l'ombre
Ornée d'odeurs émanant de toutes les souches
Urbaines agglutinées aux fosses nauséabondes
Zone où rôdent des valets aux ordres d'un chef
Effréné en ses saignées de bête manquant d'air

Tunesien in der Langform **Tunesische Republik**, Erbe des alten Karthago, ist ein nordafrikanischer Staat, der im Norden und Osten an das Mittelmeer grenzt. Tunesien ist der sprachlich homogenste Staat des Maghreb, denn fast die gesamte Bevölkerung spricht Tunesisch-Arabisch, oder Darija. Neben der arabischen Hauptsprache hat auch Französisch den Charakter einer offiziell anerkannten Srache.

Abdelwahab Meddeb, 1946 in Tunis geboren und 2014 in Paris gestorben, war ein franco-tunesischer Schriftsteller, Dichter und Radiomoderator.

Xerxes

Zwei große Augen, vom Geschehen ertränkt
Angst vor der Falle, die unvorbereitet trifft
Mit verkrampfter Hand schlägt der Fuß auf das Pflaster
Xerxes entspringt einer Rauchwolke

Lehmflecken übersät
Strahlender Stern zwischen Bergen
Von edler Natur
Gekreuzt mit blutigem Geld
Verdient, durch die Langsamkeit der anderen

Tanz einer Frau, die sich in Schatten verliebt
Garniert mit Düften aller Art
Agglomerationen übelriechender Abfallhalden
Orte mit geknechteten Arbeitssklaven
Ungehemmtes Verbluten der Tiere
Noch bevor sie ersticken

La Francophonie des Amériques

Le Québec. Deuxième province la plus peuplée du **Canada**, derrière l'Ontario, le Québec compte une population de plus de 8 400 000. Il s'agit de la seule province canadienne à avoir le français comme seule langue officielle, comprise par 94,6 % de la population.

Louis-Honoré Fréchette, 1839 – 1908

Le Niagara[60]

L'onde majestueuse avec lenteur s'écoule ;
Puis, sortant tout â coup de ce calme trompeur,
Furieux, et frappant les échos de stupeur,
Dans l'abîme sans fond le fleuve immense croule.

C'est la Chute! son bruit de tonnerre fait peur
Même aux oiseaux errants, qui s'éloignent en foule
Du gouffre formidable où l'arc-en-ciel déroule
Son écharpe de feu sur un lit de vapeur.

Tout tremble; en un instant cette énorme avalanche
D'eau verte se transforme en monts d'écume blanche,
Farouches, éperdus, bondissant, mugissant...

Et pourtant, ô mon Dieu, ce flot que tu déchaînes,
Qui brise les rochers, pulvérise les chênes,
Respecte le fétu qu'il emporte en passant.

---

[60] Louis-Honoré Fréchette. Les oiseaux de neige. Scotts Valley 2018

Frankophonie auf dem Amerikanischen Kontinent

Quebec ist nach Ontario die zweitbevölkerungsreichste Provinz **Kanadas** und hat eine Bevölkerung von mehr als 8.400.000 Einwohnern. Es ist die einzige kanadische Provinz, in der Französisch die einzige offizielle Sprache ist, die von 94,6% der Bevölkerung verstanden wird.

Louis-Honoré Fréchette, 1839 - 1908

Der Niagara

Majestätische Welle behäbig fließt
Dann, plötzlich, aus trügerischer Ruhe erwachend,
wütend und markig, die betäubenden Echos
des Sturzes in den gewaltigen Abgrund

Ein Donnerfall! Sein tosender Knall macht Angst
Sogar den verirrten Vögeln, die in Scharen
dem großen Abgrund enfliehen, wo der Regenbogen
sein Feuertuch auf einem Bett aus Nebel entrollt

Alles zittert. Im Nu verwandelt sich diese Riesenlawine
aus grünem Wasser in weiße, schäumende Hügel
Stürmisch, wild, hektisch, heulend, springend

Und doch, mein Gott, diese Flut, die du entfesselt,
die Felsen bricht und Eichen zermalmt,
respektiert das Ungeborene, das sie mit sich führt

William Chapman, né à Saint-François-de-Beauce (aujourd'hui Beauceville en 1850. Dans les années 1890, il a écrit des poèmes empreints de naturalisme et de patriotisme dans le style de Louis Fréchette. Devenu traducteur au sénat canadien en 1902, il est mort à Ottawa en 1917.

Le Laboureur[61]

Derrière deux grands boeufs ou deux lourds percherons,
L'homme marche courbé dans le pré solitaire,
Ses poignets musculeux rivés aux mancherons
De la charrue ouvrant le ventre de la terre.

Au pied d'un coteau vert noyé dans les rayons,
Les yeux toujours fixés sur la glèbe si chère,
Grisé du lourd parfum qu'exhale la jachère,
Avec calme et lenteur il trace ses sillons.

Et, rêveur, quelquefois il ébauche un sourire :
Son oreille déjà croit entendre bruire
Une mer d'épis d'or sous un soleil de feu ;

Il s'imagine voir le blé gonfler sa grange ;
Il songe que ses pas sont comptés par un ange,
Et que le laboureur collabore avec Dieu.

---

[61] William Chapman. Les aspirations - poésies canadiennes. aris 1904

William Chapman, geboren 1850 in Saint-François-de-Beauce (heute Beauceville, Quebec). In den 1890er Jahren schrieb er naturalistisch und patriotisch geprägte Gedichte im Stil Louis Fréchettes. Er wurde 1902 Übersetzer im kanadischen Senat und starb 1917 in Ottawa

Der Ackermann

Hinter zwei großen Ochsen oder zwei schweren Ackergäulen,
geht der Mann zusammengekrümmt auf leerem Acker,
Muskulöse Handgelenke, verschweißt mit den Griffen des Pfluges,
öffnen den Bauch der Erde

Am Fuße eines grünen, sonnentrunkenen Hanges,
die Augen stets auf die edle Scholle gewandt,
im Schatten des strengen Duftes des Brachlandes,
zieht er mit Ruhe und Bedacht seine Furchen

Und, Träumer, manchmal der Hauch eines Lächelns:
Sein Ohr erahnt bereits ein Rauschen
eines Meeres goldener Ähren unter glühender Sonne;

Er sieht seine Scheune, vom Weizen gebläht
Fühlt seine Schritte, von Engeln gezählt
und sein Wirken von Gott begleitet

La **Louisiane** (en anglais : *Louisiana*) est un État du Sud des États-Unis.Historiquement la Lousiane était française. Aprés la vente de la Louisiane par Napoléon aux Etats Unis en 1803, l'anglais est devenu la seule langue officielle. Le français a été repoussé, mais n'a jamais complètement disparu. En 1968 le français était réinstallé comme deuxième langue officielle. Maintenant environ 7% de la population de la Louisiane sont francophones.

Jean Arcenaux, né comme Barry Jean Arcelet en 1951 à Church Point, Louisiane

Hé, Américain![62]

Hé, Américain !
Mon droit de grouiller mon
poing
S'arrête à ton nez,
Et ton droit de grouiller ta
langue
S'arrête à la mienne.
Transgression pour
transgression ?

Chêne vert[63]

Chêne vert,
Et noir,
Et fort,
Plein de glands
Qui tombent impuissants
En automne
Sur les nouveaux toits
Qui ont envahi sont ombrage,
Qui ont coupé ces racines
Pour faire leurs fondations,
Qui ont tronqué ses branches
Pour faire de la place
Et pour embêter les écureuils
Qui se mêlent dans leurs courses
Après trois cents ans d'habitude.

---

[62] Equinoxes. A Graduate Journal of Fench and Francophone Studies. Issue II, Automne/Hiver 2003-2004 p.1 -7
[63] ibid

Louisiana ist ein Bundesstaat im Süden der Vereinigten Staaten. Historisch gesehen war Lousiana Französisch. Nach dem Verkauf der Region an die Vereinigten Staaten durch Napoleon (1803) wurde Englisch die einzige offizielle Sprache. Französisch wurde zurückgedrängt, ist aber nie ganz aus Louisiana verschwunden. 1968 wurde Französisch als zweite Amtssprache wieder eingeführt. Heute sind etwa noch 7% der Bevölkerung von Louisiana französischsprachig.

Jean Arcenaux, geboren als Barry Jean Arcelet 1951 in Church Point, Louisiana

He, Amerikaner!

He, Amerikaner!
Mein Recht, meine Faust zu
schwingen
bleibt vor deiner Nase stehen,
Und dein Recht, in deiner Sprache
zu schwätzen.
bleibt bei meiner Sprache stehen
Auge um Auge?

Steineiche

Grüne Eiche
und schwarz,
und mächtig,
voller Früchte
die wehrlos fallen,
im Herbst,
auf die neuen Dächer,
die sich unter ihren Schatten drängten,
die diese Wurzeln kappten,
um ihre Mauern zu bauen
die ihre Zweige stutzten,
um Platz zu schaffen
und Eichhörnchen zu vergrämen,
die ihre Bahnen kreuzen,
nach dreihundert Jahren Gewohnheitsrecht

À Larry Ménard et tout le reste[64]

Pour faire de l'argent,
Il faut chanter en anglais.
Pour sauver l'héritage,
Il faut chanter en français,
À n'importe quel âge,
Juste parce que.

On peut pas acheter une miette de pain
Avec cinquante sous d'héritage
Mais on peut pas non plus acheter une miette d'héritage
Avec toute l'argent de la sainte économie américaine.
Goddam, il y a des choses qui devraient compter
Juste parce que.

Avec une telle richesse, avec un tel talent,
On a encore plus de responsabilité, qu'on veut ou non.
Si c'est perdu en Louisiane,
C'est pas Crosby, Stills, Nash ni Young qui vont pleurer.
Eux, au moins, ils ont reconnu
Que leur culture avait besoin de chanteurs.

---

[64] Equinoxes. A Graduate Journal of Fench and Francophone Studies. Issue II,
Automne/Hiver 2003-2004 p.1 -7

An Larry Menard und alle anderen

Um Geld zu verdienen,
Muss man Englisch singen
Um das Kulturerbe zu retten,
muss man Französisch singen
In jedem Alter
Einfach so

Man kann kein Krümel Brot
mit fünfzig Cent Kulturerbe kaufen
Aber man kann auch nicht einen einzigen Krümel Kulturerbe
mit allem Geld der heiligen amerikanischen Wirtschaft kaufen
Verdammt, es gibt Dinge, die wichtig sein sollten
Einfach so.

Mit solchem Reichtum, mit solchem Talent ausgestattet,
haben wir große Verantwortung, ob wir wollen oder nicht.
Wenn es in Louisiana verloren gegangen ist,
werden Crosby, Stills, Nash oder Young sicher nicht weinen
Zumindest sie haben anerkannt,
dass ihre Kultur Sänger braucht.

Suite du loup XI[65]

Le loup rôde la nuit sans lune
À deux pattes pour éviter
De se laisser avoir, pour éviter
De laisser savoir la faim
De son histoire sans fin,
Sans dénouement.

À la pleine lune il reprendra
Ses griffes pour courir
Les bois. Pour le moment il parcourt
Les bars, hurlant au néon.
Il déchire les symboles aux yeux bleus
Entre les deux de son imagination.
Il fait semblant de rire
Derrière son masque,
Amarrant son cœur
Jusqu'au sang prochain.

[65] Jean Arcelet. Suite du loup. Editions Perce-Neige, Moncton 1998

Der Lauf des Wolfes

Der Wolf durchstreift die mondlose Nacht
Auf leisen Pfoten,
um zu vermeiden, erwischt zu werden
Um zu vermeiden, seinen Hunger,
seine unendliche Geschichte, zu verraten

Bei Vollmond fährt er seine Krallen aus,
um die Wälder zu durchkämmen
Er verheult neonbeleuchtete Theken
Er zerfleischt die Symbole mit seinen blauen Augen
Dazwischen, seine Gedanken.
Er gibt vor zu lachen
Hinter seiner Maske,
stockt sein Herz
Bis zum nächsten Blut

Weitere Werke des Autors

Hannes Stiegler. „ChoronoLogisches" (Gedichte, Sprüche, Essays)
ISBN-13: 978-3-7357-8735-4, Norderstedt 2014
Hannes Stiegler. „Der Hauch der Gewesenen" (dokumentarischer Roman)
ISBN-13: 978-3-7357-9038-5, Norderstedt 2014
Hannes Stiegler. „Tief aus meiner Seele" (Trakl Inspirationen)
ISBN-13: 978-3-7357-3890-5, Norderstedt 2014
Hannes Stiegler. „Sinnseiten" (Gedichte, Sprüche, Essays)
ISBN-13: 978-3-7347-8258-9, Norderstedt 2015
Hannes Stiegler. „Reisetagebuch Marokko" (Marokko kontemplativ)
ISBN-13: 978-3-8448-0217-7, Norderstedt 2016
Hannes Stiegler. „To Owe One Sikh" (Gedichte, Sprüche, Essays)
ISBN-13: 978-3-7431-6685-1, Norderstedt 2017
Hannes Stiegler. „Unter Platanen" (Gedichte, Sprüche, Essays), Norderstedt 2019

Hannes Stiegler. „We Rocked Salzburg" (Sachbuch) ISBN 978-3-902692-54-2, Colorama Verlag Salzburg, 2012

Hannes Stiegler. Studie zum Thema „Spielstätten des Jazz, der Tanz- und Rockmusik in Salzburg" in „Those were the days…" (im Auftrag des Departments für Musikwissenschaft an der Universität Mozarteum Salzburg Forschungsprojekt und Symposium zum Thema „Salzburgs populäre Musikkulturen in den 1950er und 1960er Jahren") ISBN 978-3-99012-398-0, Hollitzer Wissenschaftsverlag, Wien 2017